Paul Grimblot

La Question des sucres en Angleterre et la traite au Brésil

Essai

 Le code de la propriété intellectuelle du 1er juillet 1992 interdit en effet expressément la photocopie à usage collectif sans autorisation des ayants droit. Or, cette pratique s'est généralisée dans les établissements d'enseignement supérieur, provoquant une baisse brutale des achats de livres et de revues, au point que la possibilité même pour les auteurs de créer des œuvres nouvelles et de les faire éditer correctement est aujourd'hui menacée. En application de la loi du 11 mars 1957, il est interdit de reproduire intégralement ou partiellement le présent ouvrage, sur quelque support que ce soit, sans autorisation de l'Éditeur ou du Centre Français d'Exploitation du Droit de Copie, 20, rue Grands Augustins, 75006 Paris.

ISBN : 978-1985232983

10 9 8 7 6 5 4 3 2 1

Paul Grimblot

La Question des sucres en Angleterre et la traite au Brésil

Essai

Table de Matières

Section I.	**6**
Section II.	**13**
Section III.	**21**
Section IV.	**39**
Section V.	**45**

Section I.

Parmi les questions qui pouvaient embarrasser le cabinet de lord John Russell, il n'en était pas de plus grave, de plus difficile que ce qu'on appelle la *question des sucres*. Sans l'adroite tactique de sir R. Peel, c'est sur cette question que le sort de son ministère aurait été décidé. Il préféra porter le débat sur les affaires de l'Irlande, où il se flattait de retrouver une partie de son ancienne majorité. Deux fois, en 1844 et en 1845, il s'était trouvé en minorité sur le bill des sucres, et il ne l'avait emporté qu'en déclarant à ses amis récalcitrants qu'il se retirerait, s'il était battu. La crainte de porter un coup mortel à l'union de leur parti fit reculer le plus grand nombre des conservateurs hostiles à la mesure de leur chef ; mais, après la conduite de sir R. Peel à l'endroit du bill des céréales, une pareille crainte n'était plus capable de les arrêter, et sir R. Peel, sachant bien que sa chute était inévitable sur cette question, aima mieux laisser à ses successeurs le soin de la résoudre.

Pendant bien longtemps, le sucre de provenance étrangère a été exclu du marché de la Grande-Bretagne au profit du monopole colonial. En 1831, une loi effaça le principe prohibitif, mais le laissa subsister en fait ; car, tandis que le sucre des colonies anglaises était tenu d'acquitter seulement un droit de 24 sh. (30 fr.) par quintal de 112 livres (50 kil. 8 gr.), le sucre étranger était frappé d'un droit de 63 sh. (79 fr.), ce qui équivalait à une exclusion. Cependant, à mesure que les principes de liberté commerciale gagnaient du terrain, l'abolition de l'esclavage à Maurice et dans les Antilles anglaises avait considérablement diminué la production de cette denrée de première nécessité, le prix s'en était élevé, et l'intérêt des consommateurs réclamait qu'en attendant que la production du sucre dans les Antilles redevînt suffisante pour les besoins de la métropole, le sucre de provenance étrangère fût admis à combler le déficit et à rétablir les anciens prix. Ce fut pour satisfaire à cette juste exigence que le cabinet de lord Melbourne comprit le sucre dans son plan de réforme commerciale, et proposa d'abaisser à 36 sh. (45 fr.) le droit prohibitif de 63 sh. (79 fr.), dont étaient frappés les sucres étrangers, tout en maintenant un droit différentiel de 12 sh. (15 fr.) à l'avantage des produits des colonies anglaises. Cette proposition rencontra une égale résistance chez les planteurs et chez les partisans de l'abolition de l'esclavage, et lorsque sir R. Peel, en succédant à lord Melbourne, réalisa sur une plus petite échelle son plan de réforme, il n'osa pas toucher au monopole des colonies.

Cependant l'opposition gardait cette question en réserve ; elle attendait un moment favorable pour la soumettre de nouveau au parlement, et forcer sir Robert Peel, ou d'être en dissentiment ouvert avec ses amis, et partant d'adopter la proposition faite, en 1841, par les whigs, ou d'être infidèle à ses propres principes de liberté. Le 7 mars 1844, M. Labouchère, qui avait été l'un des membres les plus influents du cabinet de lord Melbourne, présenta une motion au sujet des relations commerciales de l'Angleterre et du Brésil, et souleva à cette occasion la question des sucres avec d'autant plus d'à-propos, que le Brésil ne consentait à renouveler le traité qui le liait à l'Angleterre qu'à la condition que ses sucres, exclus par le droit de 63 sh., seraient désormais admis à un taux modéré sur le marché de la Grande-Bretagne. La proposition de M. Labouchère fut repoussée à une majorité de 73 voix : 205 contre 132 ; mais le résultat moral de la discussion lui avait été si favorable, l'expression de l'opinion publique à son égard avait été si peu équivoque, que sir R. Peel vit bien que le moment était venu pour lui de se prononcer, et, selon son habitude, prévoyant le prochain triomphe de ses adversaires, il résolut de leur dérober et l'honneur et les avantages de la victoire.

La réduction proposée par les whigs, en 1841, avait succombé sous deux arguments : la probabilité d'obtenir dans un temps peu éloigné des colonies anglaises un approvisionnement suffisant, et le danger d'encourager la traite, puisque les seuls pays producteurs du sucre sur une grande échelle, le Brésil et l'Espagne par ses colonies de Cuba et de Porto-Rico, étaient aussi les seuls qui résistaient à l'abolition de cet horrible trafic. Le premier de ces arguments était désormais sans valeur. Une expérience de trois années avait démontré aux plus incrédules que Maurice et les Antilles anglaises, même en y joignant les produits du Bengale, étaient incapables de fournir à la consommation des trois royaumes, ainsi que le prouvaient d'ailleurs l'état présent de l'entrepôt et le prix sans cesse croissant du sucre sur le marché. Restait l'argument philanthropique, mis en avant par les abolitionistes, et derrière lequel s'abritaient hypocritement les planteurs et les négociants

Section I.

des ports de mer, également intéressés au monopole colonial. C'est aussi avec cet argument qu'ils combattirent la motion de M. Labouchère, et c'est pour le soutenir que, dans cette discussion, leur représentant dans le cabinet, M. Gladstone, fils d'un négociant de Liverpool, riche propriétaire de la Jamaïque, produisit le premier devant le parlement la distinction entre les produits du travail libre et les produits du travail esclave, inventée par l'*Anti-Slavery Society*.[1]

« Vous repoussez les sucres du Brésil, répondaient M. Labouchère et ses amis, parce qu'ils sont produits par des esclaves ; l'Angleterre, ajoutez-vous, a fait de trop grands sacrifices en vue de détruire l'esclavage et dans son application et dans sa source, pour l'encourager par sa législation commerciale ; mais alors pourquoi recevez-vous les cafés du Brésil, qui sont aussi un des produits du travail esclave ? A cela, vous répondez que la culture du café n'alimentera jamais la traite à elle seule, qu'elle n'exige pas des esclaves, qu'elle est plus profitable, faite par des bras libres, qu'elle emploie sans inconvénient des femmes et des enfants, et que ce n'est pas pour transporter des femmes et des enfants que les négriers entreprennent leurs périlleux voyages à travers l'océan : ce sont des hommes jeunes et robustes, propres aux durs travaux des sucreries, qu'ils vont chercher en Afrique. Nous vous accordons cela. Il est vrai que la culture du sucre exige un travail plus pénible que celle du café ; mais que direz-vous du travail des esclaves dans les mines ? N'est-il pas plus cruel que la culture du sucre ? Pourquoi donc l'Angleterre admet-elle les produits des mines ? Pourquoi donne-t-elle entrée au cuivre brut ? Jusqu'en 1842, le cuivre se trouvait précisément dans la même position que les sucres étrangers. Sir Robert Peel a modifié le tarif auquel cette

---

1 « Quant à la répression armée et aux stipulations des traités, l'expérience a démontré qu'elles aggravent d'une manière incalculable les maux et les cruautés de la traite, sans faire luire le plus faible rayon d'espérance sur le succès futur de tant d'efforts. Par suite de ces considérations, le comité conclut qu'on doit se borner à admettre les produits du travail libre de toutes les parties du monde sur le marché de l'Angleterre aux conditions auxquelles y sont reçus les produits des colonies anglaises, et à maintenir les droits existants sur le produit du travail des esclaves. La Grande-Bretagne a fait assez, elle a fait trop et beaucoup trop de sacrifices pour alimenter elle-même ce fléau par son commerce ; il est temps de changer de direction et de suivre une autre route. » Pétition de l'*Anti-Slavery Society* présentée à la chambre des communes le 9 février 1844.

matière première était soumise ; il en a permis l'importation en Angleterre à un droit très peu élevé. Or, tandis que l'importation du cuivre ne dépassait pas 67 quintaux en 1837, le chiffre de cette importation, grâce à cet abaissement des droits, s'est élevé en 1843 à 1,085,420 quintaux, qui ont rapporté au fisc 64,343 liv. sterl. (près de 1,500,000 fr.). »

Forcé dans ce dernier retranchement, M. Gladstone était contraint d'avouer le véritable motif de la prohibition des sucres du Brésil et des colonies espagnoles, et ce motif n'était autre que le désir de maintenir le monopole colonial. A l'argument tiré de l'admission du cuivre des mines exploitées par des esclaves, il répondit en ces termes très catégoriques : « Quant à la réduction ces droits sur le cuivre brut, l'abaissement de ces droits n'a pas été opéré dans la vue de favoriser le commerce d'importation, mais pour satisfaire aux besoins des manufacturiers et pour procurer à notre industrie le bénéfice de la fonte. La différence entre le sucre étranger et le cuivre brut est très grande. Nous n'importons pas assez de sucre de nos colonies pour notre propre consommation : au contraire, la quantité de cuivre brut importée est assez grande chez nous pour que nous en exportions une partie. »

Quoi qu'il en soit, sir Robert Peel reconnut la nécessité de faire une concession à l'opinion publique ; cependant il avait si vivement reproché au plan du cabinet de lord Melbourne de donner une prime au travail esclave et d'encourager ainsi la traite, qu'il ne pouvait guère démentir si brusquement ses propres déclarations en revenant au projet même de ses adversaires. Aujourd'hui la conduite qu'il a tenue à l'occasion des lois céréales permet de supposer que, s'il eût eu toute sa liberté d'action, il n'eût pas reculé devant cette conversion ; mais l'intérêt colonial, représenté dans son cabinet par M. Gladstone et par M. Goulburn, lui défendait de la tenter. Pour sortir d'embarras, il adopta la distinction entre les produits du travail libre et du travail esclave, et l'appliqua au sucre. Par son bill du 4 juin 1844, il proposa de maintenir sur les sucres du Brésil et des colonies espagnoles le droit en quelque sorte prohibitif de 63 sh., et d'abaisser à 34 sh. le droit sur les sucres de Java, de Manille, de la Chine et de tous les autres pays où l'esclavage des noirs n'existe pas. Si les États-Unis, par une singulière anomalie, étaient rangés dans cette dernière catégorie, c'est que sir Robert Peel savait bien que cette fière république ne souffrirait pas une aussi injuste distinction. Cette réforme était illusoire, et l'opposition n'eut pas de peine à démontrer qu'elle ne remédiait nullement au vice de la situation. Sir Robert Peel se réservait seulement l'apparence de faire quelque chose, et se conciliait les voix des abolitionistes et des intéressés au monopole colonial. Toutefois la mesure était si insignifiante, que l'année suivante, c'est-à-dire en 1845, il fut obligé, pour satisfaire aux justes exigences de l'opinion publique, de porter la main sur ce même intérêt colonial qu'il avait jusque-là respecté. Il proposa d'abaisser le droit sur le sucre des Antilles anglaises et de Maurice de 10 sh., c'est-à-dire de le réduire à 14 sh. (17 fr.), et de faire subir au sucre produit par le travail libre une pareille diminution, 23 sh. au lieu de 34 ; mais, bien que les produits de Cuba, de Porto-Rico et du Brésil demeurassent exclus du marché de la Grande-Bretagne, et que l'expérience eût démontré que les provenances de Manille, de Java et de la Chine laissaient intact le monopole des planteurs, sir Robert Peel eut à combattre une opposition violente et implacable. D'orageux débats s'élevèrent sur les deux bills qu'il proposait. Les arguments des planteurs et des amis du cabinet, inspirés par des intérêts privés ou des intérêts de parti, n'ont aucune valeur sérieuse ; qu'il nous suffise de rappeler les principaux points de l'argumentation des whigs, qui peuvent donner une idée exacte des principes du bill soumis au parlement par lord John Russell.

La position prise par sir Robert Peel, et dans laquelle se retranchent les adversaires du bill de lord John Russell, est nettement indiquée par ces paroles que le ministre tory prononçait le 17 juin 1844 « Notre opinion, en ce qui concerne les sucres, est celle que nous avons maintenue depuis plusieurs années. Nous avons toujours pensé que les considérations ordinaires d'après lesquelles se déterminent les questions politiques et financières dans ce pays n'étaient pas applicables à la question des sucres. L'attitude que l'Angleterre a prise à l'égard de la traite donne le droit de penser qu'elle la considère comme un mal qu'il faut avant tout éviter. Dans les circonstances ordinaires, nous admettons parfaitement que chaque état ne doit compte à personne du règlement de ses affaires intérieures ; mais les traités constituent aux puissances une situation différente dans toutes les questions qui touchent au commerce des esclaves. Ces sacrifices d'argent que nous avons faits dans un pur intérêt d'humanité pour la suppression de la traite, les lois pénales que nous avons votées pour atteindre ce but, ont donné la mesure des principes qui doivent présider à nos relations commerciales. ». Les whigs soutenaient de leur côté, avec raison, que la distinction entre le travail libre et le travail esclave était tout à la fois absurde, parce qu'il était impossible de la mettre en pratique, et hypocrite, puisqu'elle ne s'appliquait qu'à un seul produit du travail esclave, et n'atteignait ni le tabac ni le coton. M. Macaulay résuma ces arguments dans un mémorable discours qui restera comme un chef-d'œuvre de bon sens, de logique et d'éloquence. Quant à la prétention de forcer par là les pays où l'esclavage existe encore à l'abolir, elle était exorbitante et déraisonnable. De quel droit l'Angleterre voudrait-elle entreprendre de réformer la législation des autres pays ? C'était vouloir de gaieté de cœur rendre ridicule et haïssable la philanthropie anglaise ; c'était travailler à mettre partout l'esclavage sous la protection du sentiment le plus respectable, celui de l'indépendance nationale. « Mais quoi ! disait lord John Russell, vous tirez une grande quantité de marchandises de différentes contrées dont les unes sont dans un état de civilisation très peu avancée, et sont soumises à des chefs barbares qui exercent sur des millions de sujets un droit despotique de vie et de mort, et souvent se signalent par d'horribles cruautés. Demandez-vous d'où viennent ces marchandises, lorsqu'elles sont présentées à vos douanes ? Non. Vous prenez les marchandises pour ce qu'elles sont, et en retour vous envoyez vos produits. Je crois, pour ma part, que le mieux est de laisser le commerce suivre son cours naturel, et de ne pas se mêler des institutions intérieures des pays étrangers. Adopter la marche contraire, c'est s'exposer à voir les autres états user de représailles à notre égard. Le Brésil et l'Espagne ne manqueront pas, soyez-en sûrs, de prendre leur revanche dans la circonstance présente, et d'adopter contre nous des tarifs hostiles… Vous voulez, continuait lord John Russell avec une admirable ironie, vous voulez baser vos tarifs sur des principes de moralité ! autant vaudrait dire que vous allez ériger des chaires dans vos bureaux de douanes, et y faire prêcher par les douaniers la doctrine de l'abolition de l'esclavage. » Enfin, s'élevant aux plus hautes considérations du droit public, il disait en terminant son discours : « Ce ne sont ni les tarifs hostiles, ni le droit de recherche, ni les croisières, ni les négociations menaçantes qui ont aboli l'esclavage dans les colonies anglaises ; c'est l'opinion publique, la conscience du pays, éclairée par les principes de justice, de morale, de religion et d'humanité. L'intimidation, la force, les tarifs prohibitifs, ne feront que retarder les progrès de l'opinion au Brésil. La raison en est toute simple : au principe de l'esclavage se rattache l'esprit d'indépendance nationale, et les Brésiliens soutiendront l'esclavage pour défendre les droits de leur nationalité. On prétend que le maintien des droits prohibitifs a pour but de ruiner l'esclavage ; mais l'esclavage n'est ici qu'un prétexte, attendu que ces droits étaient déjà établis avant l'abolition de l'esclavage dans les colonies anglaises. Ces droits sont conservés uniquement dans l'intérêt d'une classe privilégiée. »

Tels sont en résumé les principes qui ont dicté le bill présenté au parlement. Comme l'avait bien prévu lord John Russell, la question des sucres n'était pas seulement un débat entre un monopole et la liberté du commerce, ce n'était pas seulement une question de tarif ; elle allait changer de face, et devenir une question politique intéressant au plus haut degré les relations commerciales de l'Angleterre. Deux puissances étaient lésées, toutes deux de second ordre, et que le gouvernement anglais croyait pouvoir blesser impunément. Les États-Unis, qui sont aussi producteurs de sucre, et qui n'emploient à cette culture que des esclaves, avaient été exemptés de cette distinction hypocrite, parce que l'Angleterre avait voulu éviter une collision avec la puissante république ; elle s'était au contraire cru tout permis à l'égard de l'Espagne et du Brésil. La première avait invoqué les traités qui la lient avec la Grande-Bretagne, et par lesquels cette dernière puissance s'est engagée à recevoir ses produits sur le même pied que ceux de la nation la plus favorisée ; mais, malgré l'appui éloquent de lord Clarendon, sa protestation, ses plaintes, étaient restées comme non avenues. Sir Robert Peel avait espéré sans doute avoir aussi bon marché du Brésil ; cet espoir fut trompé. Le cabinet de Rio-Janeiro répondit à la prohibition de ses sucres par le refus de renouveler le traité de commerce qui expirait le 10 novembre 1844, et qui était tout à l'avantage de l'Angleterre. La prétention du cabinet anglais de faire de la prohibition des sucres du Brésil une arme pour réprimer et abolir la traite, prétention à bon droit excessive, introduisait d'ailleurs dans le débat une complication nouvelle et des plus fâcheuses. On comprend l'importance de la question qui se discute à cette heure dans le parlement. Il ne s'agit plus seulement de savoir si l'approvisionnement du marché de la Grande-Bretagne sera réservé au monopole des planteurs anglais, si l'intérêt des consommateurs sera sacrifié à l'intérêt colonial, mais bien si, pour satisfaire un petit nombre d'individus, un riche pays dans la situation la plus favorable, si un marché de huit millions d'âmes, que l'industrie britannique avait eu le monopole d'approvisionner en produits manufacturés de toute sorte, lui sera fermé.

Cette face de la question des sucres nous entraîne dans l'étude d'un sujet qui en apparence ne s'y rattache pas immédiatement, et qu'il est impossible de négliger. Pour bien connaître les rapports du Brésil avec l'Angleterre relativement à la répression de la traite, il nous faut rappeler ce qu'ont été sur ce point les rapports de la Grande-Bretagne et du Portugal dans le temps où le Brésil était une dépendance de cette dernière puissance. Ce chapitre de l'histoire de l'abolition de la traite est rempli d'enseignements précieux pour nous. Nous y apprendrons le sort qui nous était réservé grâce aux conventions de 1831 et de 1833, si la France n'eût été qu'une puissance du second ordre. En voyant comment l'Angleterre traite les faibles, nous devons nous pénétrer de la nécessité d'être forts ; à ce prix-là seulement, son alliance peut nous être honorable et utile.

Section II.

Quand on considère la conduite de l'Angleterre dans la question de la traite, quand on la voit, durant près d'un demi-siècle et à travers les préoccupations les plus pressantes, combattre le trafic des noirs avec la même persévérance, il est difficile de mettre en doute que l'intérêt n'ait pas eu dans un pareil zèle au moins autant de part que la philanthropie. Assurément M. Guizot avait raison de proclamer à la tribune de la chambre des députés, le 22 janvier 1842, que « c'était un mouvement moral, un ardent désir de mettre fin à un trafic honteux, d'affranchir une portion de l'humanité, qui avait lancé et accompli cette œuvre ; » mais M. Guizot n'indiquait là qu'un des côtés de la question, et lord Palmerston complétait en quelque sorte les paroles de notre ministre des affaires étrangères, quand il disait, quelques jours après, que, pour l'abolition de la traite comme pour la plupart des affaires de ce monde, la vertu avait porté sa récompense avec elle, car l'abolition de la traite avait beaucoup servi au développement de la marine et du commerce britanniques. Il faut en effet bien distinguer des actes postérieurs du gouvernement anglais l'initiative des premiers abolitionistes. Même parmi ceux-ci, les plus perspicaces avaient prévu et annoncé que cette révolution, commencée au nom de l'humanité outragée et sous les inspirations de la charité la plus pure, deviendrait bientôt une utile et avantageuse révolution commerciale. C'est ce qui n'a pas tardé d'arriver. Le trafic des esclaves sur les côtes de l'Afrique a fait place, partout où il a été détruit, à un commerce plus légitime, tout aussi lucratif, et, comme la Grande-Bretagne a plus qu'aucune autre puissance travaillé à opérer cette transformation, c'est aussi sa marine et son commerce qui en ont le plus largement profité ; elle a ainsi recueilli le fruit de ses efforts si longtemps improductifs : en effet, comment supposer au gouvernement le plus prévoyant, le plus calculateur du monde, un mobile purement philanthropique ? Une telle supposition ne pourrait tenir longtemps devant l'examen des actes divers par lesquels l'Angleterre a cherché à obtenir l'abolition de la traite. Ne voit-on pas ce gouvernement, bien que tombé dans les mains des plus opiniâtres adversaires de cette mesure, qu'ils avaient combattue jusqu'au dernier moment, entreprendre, aussitôt qu'elle est devenue la loi du pays, de la faire adopter par toutes les autres nations ? Alors, comme par enchantement, l'abolition de la traite cesse d'être une question d'humanité pour devenir une question politique exploitée par l'Angleterre dans l'intérêt de sa puissance et de sa richesse.

La suppression de la traite devait infailliblement amener de graves et irrémédiables perturbations dans la condition et le régime économique des colonies à esclaves. L'Angleterre, qui possédait tant et de si riches établissements de ce genre, avait tout sujet de craindre que la continuation de la traite ne devînt pour les colonies des autres puissances une source de prospérité d'autant plus grande qu'elle tournait à son désavantage. A ce point de vue purement humain, la conduite des hommes d'état anglais se comprend aisément et ne mérite que des éloges. La Grande-Bretagne pouvait-elle laisser pratiquer à ses rivaux et à son grand détriment un trafic qui leur était nécessaire, et qu'elle venait de s'interdire ? Laisser jouir les colonies des autres puissances du bénéfice de la traite, c'était se placer volontairement et de gaieté de cœur dans une position d'infériorité inévitable. D'un autre côté, l'opinion publique, enorgueillie de son récent triomphe, réclamait impérieusement du gouvernement qu'il fît accepter par le monde entier le grand principe dont elle lui avait imposé la reconnaissance et la consécration. Faisant donc de nécessité vertu, le cabinet anglais se hâta de proclamer que toutes les puissances devaient, à son exemple, défendre à leurs sujets le commerce des esclaves sur les côtes d'Afrique, sans trop s'inquiéter si l'économie de leurs colonies des tropiques était capable de supporter une aussi brusque modification. L'Angleterre avait d'ailleurs tout à gagner à une abolition immédiate et générale de la traite. Ses possessions à esclaves étaient prospères, abondamment pourvues de travailleurs, tandis que celles des autres nations européennes, partageant la mauvaise fortune de leur métropole, avaient beaucoup souffert des maux qu'entraîne toujours une longue guerre maritime.

L'Angleterre avait entre les mains un moyen qui lui permettait d'atteindre aisément et sûrement le but qu'elle se proposait : ce moyen était le droit qu'elle prétendait appartenir aux puissances belligérantes de visiter et de capturer les bâtiments des neutres soupçonnés de porter des marchandises de contrebande. Elle l'appliqua à la répression de la traite, et ce droit si contesté, qu'elle exerçait même sur ses alliés, elle le mit en usage pour détruire un trafic jusque-là licite du consentement général, et qui n'avait encore été interdit que par ses propres lois municipales. Ce n'était là toutefois qu'un instrument temporaire et dont l'exercice était limité à la durée de la guerre. Le cabinet anglais dut donc travailler sans retard à obtenir, par des traités spéciaux et à l'amiable, la proscription du commerce des esclaves par les nations avec lesquelles elle avait conservé des rapports de bonne amitié.

Un ancien traité, peu respecté à la vérité, exemptait le pavillon portugais des recherches des croiseurs britanniques. En outre, dans les conjonctures présentes, l'Angleterre avait intérêt à se ménager les bonnes grâces de la maison de Bragance. Il lui importait donc

Section II.

d'obtenir l'abandon volontaire du privilège qu'elle ne laissait pas de s'arroger par la force, mais qu'elle n'osait pas ériger ouvertement en droit. Le bill de lord Grenville reçut la sanction royale le 25 mars 1807, et, dès le 15 avril suivant, le secrétaire d'état pour les affaires étrangères du cabinet qui avait succédé à celui de lord Grenville, M. Canning, chargeait le représentant anglais près la cour de Lisbonne de demander au gouvernement portugais de suivre l'exemple donné par l'Angleterre, et sinon d'abolir, tout au moins de restreindre la traite des noirs à certaines parties de la côte occidentale de l'Afrique. Cette proposition parut si étrange, qu'on ne jugea pas même devoir la repousser dans les formes accoutumées. Le gouvernement anglais, changeant alors de langage et abusant du besoin que le Portugal avait de son appui contre la France, déclara qu'il se proposait de stipuler, dans le traité d'alliance qui se négociait entre les deux puissances, l'abandon graduel et dans un court délai l'abolition définitive de la traite par le Portugal, et en outre l'engagement de défendre immédiatement à ses sujets de fournir des esclaves aux colonies étrangères. En même temps, pour prouver à la cour de Lisbonne qu'il ne lui restait qu'à courber la tête et à obéir, un ordre du conseil autorisait les croiseurs britanniques à capturer tous les navires portugais qu'ils rencontreraient avec des esclaves à bord dans les parages étrangers à la couronne de Portugal.

Malheureusement le cabinet de Lisbonne n'était pas en situation de résister aux impérieuses exigences de l'Angleterre. Dans l'intervalle, le territoire portugais avait été occupé par une armée française, et le souverain lui-même avait été forcé de chercher un asile dans ses possessions transatlantiques ; aussi, par l'article 10 du traité d'amitié et d'alliance conclu à Rio-Janeiro le 19 février 1810, le gouvernement portugais ne put-il refuser de reconnaître l'injustice de la traite des noirs, et de s'engager à coopérer avec la Grande-Bretagne à l'abolition de ce trafic. — Désormais, était-il stipulé dans cet article, il serait interdit aux sujets portugais de faire le commerce des esclaves sur la côte d'Afrique, au nord de l'équateur. — Le cabinet anglais exigea en outre le renoncement aux dispositions du traité de 1654, en vertu duquel le pavillon portugais avait été exempté de la visite des croiseurs britanniques. Dans le fait, ces concessions se réduisaient à très peu de chose : les possessions du Portugal au sud de la ligne où la traite demeurait licite étaient depuis longtemps les principaux marchés où toutes les nations s'approvisionnaient d'esclaves ; mais c'était un premier pas, et le cabinet anglais s'en servit comme d'un point de départ pour réclamer l'abolition complète de la traite selon l'engagement formulé dans le traité même. Ne pouvant l'obtenir, il arracha, le 24 novembre 1813, un décret qui défendait aux négriers portugais et brésiliens de transporter plus de deux esclaves et demi par tonneau.

Le rétablissement de la paix générale ouvrait un vaste champ aux desseins de l'Angleterre, et la réunion des grandes puissances maritimes de l'Europe au congrès de Vienne lui parut une occasion favorable de porter un coup décisif à la traite. Dès les premiers jours, et comme pour sonder les esprits, les plénipotentiaires anglais et portugais s'entendirent pour régler un point essentiel sur lequel s'était élevé un grave différend. Par l'interprétation qu'il donnait à l'article 10 du traité de 1810, le cabinet britannique s'était cru autorisé à faire capturer par ses croiseurs les négriers portugais dans les parages où la traite leur était interdite. La cour de Portugal n'avait cessé de réclamer, mais inutilement, contre cette interprétation arbitraire, et de demander indemnité et satisfaction pour les pertes éprouvées par ses sujets. Dans les circonstances présentes, le cabinet anglais se crut obligé à plus de déférence. Le préambule de la convention conclue à Vienne le 21 janvier 1815 reconnaissait que, des doutes s'étant élevés à l'égard des points de la côte d'Afrique sur lesquels les sujets portugais pouvaient, d'après les lois de leur pays et le traité de 1810, exercer légitimement la traite, et en considération des règlements que promettait de faire le Portugal à l'effet de prévenir le retour de pareils doutes, l'Angleterre indemniserait les propriétaires des navires capturés par ses croiseurs avant le 1er janvier 1814 jusqu'à la concurrence de 300,000 liv. sterl. (7,500,000 fr.). Cette convention fut suivie d'un traité signé le lendemain, c'est-à-dire le 22 janvier, et destiné à restreindre la traite sous le pavillon portugais. Le gouvernement du royaume uni du Portugal, du Brésil et des Algarves s'engageait à abolir le commerce des esclaves sur la côte occidentale de l'Afrique au nord de l'équateur, et à adopter, de concert avec la Grande-Bretagne, les mesures les plus convenables pour rendre effective l'exécution du traité. De son côté, le gouvernement anglais promettait d'empêcher que les navires portugais se livrant à la traite au sud de la ligne fussent inquiétés par ses croiseurs. Les deux parties se réservaient de fixer par un arrangement ultérieur l'époque à laquelle ce trafic devrait entièrement cesser et être prohibé dans toute l'étendue des possessions du Portugal. Toutefois, en attendant ce nouveau traité, il ne serait permis aux sujets portugais de n'acheter des esclaves que pour alimenter les possessions transatlantiques de cette couronne. En échange de ces concessions, l'Angleterre faisait remise à la cour de Lisbonne des sommes qu'elle devait encore sur l'emprunt contracté par elle à Londres en 1809, et qui avait été garanti par le gouvernement anglais. ces sommes étaient évaluées à 480,000 liv. st. (12,000,000 fr.).

Comme on le voit, la convention de 1815 n'apportait pas à l'exercice de la traite des restrictions beaucoup plus importantes que celles déjà stipulées par le traité de 1810 ; elle renouvelait les engagements de ce traité sans en assurer l'exécution. Le commerce des esclaves continua donc de se faire sous le pavillon portugais, au nord de la ligne, sur une plus large échelle que jamais. Cet état de choses donna naissance à une nouvelle convention à la date du 28 juillet 1817, bien autrement efficace que tous les traités qui l'avaient précédée. En voici les principales dispositions.

La traite continuait d'être licite aux sujets du Portugal dans les possessions de cette couronne sur la côte d'Afrique, c'est-à-dire sur la côte orientale entre le cap Delgado et la baie de Courenco-Marquès, et sur la côte occidentale entre le 3° 12' et le 18° de latitude sud. Le gouvernement portugais s'engageait à promulguer dans le délai de deux mois, après l'échange des ratifications de la convention, une loi pénale contre le commerce des esclaves pratiqué autrement que ne le permettait le traité de 1815, et à renouveler la défense d'importer au Brésil des noirs sous un pavillon étranger ; il s'engageait en outre à assimiler autant que possible la législation du Portugal sur ce point à celle de la Grande-Bretagne. Les négriers portugais devaient à l'avenir être munis d'un passeport, contre-signé par le ministre de la marine du Portugal, fixant le nombre des esclaves que le navire pourrait transporter, le port d'armement et le port de destination. Il leur était interdit de naviguer en tout ou en partie pour le compte des sujets d'une autre puissance, ni dans leur traversée de débarquer des esclaves, ni même de relâcher dans aucun port. Pour mieux atteindre le but qu'elles se proposaient, c'est-à-dire la répression de l'exercice illicite de la traite, les deux puissances contractantes consentaient, de part et d'autre, à ce que des navires de guerre de leur marine royale, munis d'instructions spéciales, pussent, dans toute latitude et longitude, exercer des recherches à bord des bâtiments marchands de l'autre nation soupçonnés d'avoir des esclaves acquis illicitement, et les arrêter, mais avec cette différence, que, cette dernière clause n'atteignait les négriers portugais qu'au nord de la ligne, tandis qu'elle était sans restriction pour les négriers portant le pavillon anglais. Les navires ainsi capturés devaient être traduits devant des commissions établies à cet effet, composées d'un nombre égal d'individus des deux nations, qui avaient pouvoir de condamner et mettre en vente au profit du capteur les navires coupables de contravention aux stipulations du traité. En échange de ces concessions, l'Angleterre étendait à tous les bâtiments saisis par les croiseurs britanniques depuis le 1er janvier 1814 jusqu'à l'entrée en fonctions des commissions mixtes l'indemnité stipulée par la convention du 21 janvier 1815, et s'engageait à la payer dans un délai déterminé. Moins de deux mois après cette convention, un article séparé et additionnel fut signé à Londres, le 11 septembre, par lequel les deux parties contractantes convenaient qu'aussitôt après que le Portugal aurait prononcé l'abolition totale de la traite, elles adapteraient d'un commun accord la convention du 28 juillet 1817 à cet état de choses, et qu'à défaut de semblables dispositions, la durée de cette même convention serait augmentée de quinze années à compter du jour où la traite aurait été abolie.

Ce traité, le fruit de tant d'efforts et de si longues négociations, n'atteignait que fort incomplètement le but que se proposait l'Angleterre, car il permettait le commerce des esclaves sur une vaste étendue des côtes d'Afrique, et laissait à l'abri de toute poursuite les négriers portugais, en quelque lieu qu'ils se trouvassent au nord de l'équateur, pourvu que les esclaves qu'ils avaient à bord provinssent d'un point quelconque de l'Afrique au sud de cette même ligne. En outre, les moyens de répression, quelque sévères qu'ils fussent, demeuraient encore bien insuffisants. Il ne fallut pas une longue expérience pour montrer les vices de cette convention. Les gouverneurs des colonies portugaises ne se faisaient aucun

Section II.

scrupule d'en violer les stipulations par tous les moyens en leur pouvoir, ou plutôt ils affectaient de n'en tenir aucun compte. Ainsi ils autorisaient la présence à bord des négriers d'un plus grand nombre d'esclaves qu'il ne leur était légalement permis d'en avoir aux termes du décret du 25 novembre 1815 et de la convention du 28 juillet 1817. Ils laissaient fréter des bâtiments pour la traite au nord de l'équateur. Ils toléraient que ces mêmes navires touchassent en d'autres points que ceux marqués sur leurs passeports. Bien plus, le gouvernement portugais enjoignit aux membres des commissions mixtes d'allouer des indemnités aux bâtiments saisis, lors même qu'ils l'auraient été justement, toutes les fois que des irrégularités de forme se seraient glissées dans l'acte de saisie. C'était plus qu'il n'en fallait pour fournir des sujets de plaintes à l'Angleterre ; mais vainement ses ministres accablaient-ils la cour de Lisbonne de remontrances : leurs observations demeuraient comme non avenues, et la traite prenait de jour en jour un plus large développement sous le pavillon portugais. Lassé du peu de succès de ses représentations, le gouvernement anglais se résolut enfin à recourir à des mesures plus énergiques. M. Canning chargea le ministre britannique à Lisbonne d'exprimer à cette cour « le sentiment de dégoût et d'indignation que faisait naître de plus en plus en Angleterre la vue des dispositions dans lesquelles le Portugal paraissait être, non-seulement d'encourager la traite là où elle ne devait être l'objet d'aucune protection, mais encore de tolérer ces infractions des traités destinés à diminuer ou à circonscrire cet abominable trafic. » Cette démonstration étant encore restée sans effet, le gouvernement anglais résolut d'obvier par lui-même aux vices de la situation. La cour de Lisbonne fut officiellement avertie que, les transports d'esclaves pour toutes les colonies autres que celles du Portugal ayant été, par la convention de 1817, exceptés de la protection du pavillon portugais, le gouvernement britannique était décidé à exercer le droit que lui conférait cette convention d'empêcher ces sortes de transports. Le ministre anglais déclara en même temps, au nom de son gouvernement, qu'aucune indemnité ne pourrait être considérée comme due pour la saisie, même irrégulière, des bâtiments négriers, dans le cas où ces bâtiments se livreraient à la traite sous l'empire des circonstances qui la rendaient illégale. Cette menace eut l'effet qu'on en attendait. Le 15 mars 1823, le Portugal signa de nouveaux articles additionnels portant en substance que tout bâtiment, bien qu'il n'eût à bord aucun esclave au moment de son arrestation, serait susceptible d'être condamné, s'il était prouvé que des esclaves y eussent séjourné dans le cours de la campagne où il aurait été saisi.

Malgré son adhésion à ces nouveaux articles, le Portugal ne porta pas dans l'exécution de ses engagements plus de bonne foi que par le passé. Il ressort de documents d'une exactitude incontestable que, dans l'année 1822, le nombre des noirs transportés au Brésil avait été de cinquante-six mille environ. C'était uniquement en vue de l'alimentation des travailleurs de cette riche possession que le Portugal s'était jusqu'alors montré si rebelle aux exigences de l'Angleterre ; mais la situation allait bientôt changer de face : le Brésil s'était déclaré indépendant de sa métropole, et c'est avec lui désormais que l'Angleterre allait avoir à traiter.

Section III.

Le gouvernement anglais prétendait avec raison que les traités conclus par son ancienne métropole liaient le Brésil, et que ce nouvel état devait remplir les engagements contractés par le Portugal, relativement à l'abolition et à la répression de la traite des noirs. Comme le Brésil, pour lequel le commerce des esclaves était en quelque sorte une question d'existence, ne paraissait nullement disposé à admettre ce principe, d'ailleurs parfaitement légitime, du droit des gens, le cabinet britannique lui déclara qu'il allait poursuivre, à ses risques et périls, l'exécution des stipulations de la convention de 1817, et, en effet, dans le cours de l'année 1825, les croiseurs anglais reçurent l'ordre de saisir et de traduire devant les tribunaux de l'amirauté les navires brésiliens exerçant la traite, alors même qu'ils seraient porteurs de licences délivrées par les autorités de leur pays. L'Angleterre avait un autre moyen plus légitime et non moins puissant de forcer le Brésil à subir les conditions qu'elle lui imposait, c'était de mettre à ce prix la reconnaissance de son indépendance. Aussi, le 23 novembre 1826, la Grande-Bretagne et le Brésil signèrent-ils une convention ratifiée le 13 mars suivant, et par laquelle il fut décidé : 1° que, trois années après l'échange des ratifications, il serait interdit aux sujets de l'empereur du Brésil de faire le commerce des esclaves sur les côtes d'Afrique, sous quelque prétexte et de quelque manière que ce fût, et qu'après ce délai la traite serait assimilée à la piraterie : 2° les deux parties contractantes convenaient d'adopter et de renouveler mot pour mot, comme si on les avait insérés dans la présente convention, tous les articles et dispositions des traités conclus entre la Grande-Bretagne et le Portugal le 22 janvier 1815 et le 28 juillet 1817, ainsi que les divers articles explicatifs qui y avaient été ajoutés.

La traite était trop étroitement liée au régime économique du Brésil pour qu'on pût compter sur l'observation rigoureuse de pareils engagements. On vit bientôt ce trafic se poursuivre avec une nouvelle ardeur sous le pavillon brésilien, de l'aveu et avec l'autorisation même du gouvernement, qui, non content de le protéger, apportait tous les obstacles imaginables à l'exécution de la convention de 1826. Cependant le terme des trois années de répit approchait, et, loin de pouvoir se résoudre à consommer l'abolition de la traite, le Brésil songeait à réclamer un nouveau délai. De son côté, l'Angleterre était d'autant moins disposée à cette concession, qu'elle pressait cette puissance de consentir à une mesure bien plus grave que toutes celles qu'elle lui avait déjà imposées. il s'agissait d'admettre en principe que l'équipement d'un navire pour la traite serait un motif suffisant pour le condamner, tandis que, d'après les conventions en vigueur, une saisie n'était valable qu'autant que le bâtiment arrêté avait des esclaves à bord. On ne pouvait guère espérer de s'entendre. Aussi, lorsque, le 26 août 1828, l'envoyé du Brésil à Londres, le vicomte d'Itabayana, demanda officiellement que le terme fixé pour la cessation définitive de la traite fût retardé, lord Aberdeen, alors secrétaire d'état pour les affaires étrangères, se contenta-t-il de répondre que « toute mesure qui consisterait à augmenter la durée du temps pendant lequel cet abominable trafic devait encore être souffert aurait, aux yeux de tout ami de l'humanité, un caractère tellement odieux, qu'il ne prévoyait pas que le terme de cet état de choses pût, en aucune façon, être reculé. » Des paroles aussi nettes, aussi précises, ne laissaient aucune espérance de répit. Changeant alors de tactique, le gouvernement brésilien déclara, par une note du 13 février 1829 remise à l'envoyé britannique, lord Ponsonby, que son ministre s'était mépris sur les ordres qui lui avaient été envoyés, et qu'il se bornait à désirer que l'Angleterre lui donnât l'assurance que les croiseurs anglais n'inquiéteraient pas les négriers brésiliens dont l'expédition aurait précédé l'expiration du délai fixé ; ce que fit lord Aberdeen le 16 septembre suivant.

Le Brésil paraissait s'être résigné à remplir ses engagements ; on vit bientôt ce que cachait cette feinte résignation. Le 13 mars 1830, comme il avait été stipulé par la convention de 1826, la traite des noirs fut interdite aux sujets brésiliens, les autres dispositions du même traité avaient été également respectées ; mais, le 14 octobre suivant, le représentant du Brésil près le cabinet de Saint-James déclara que, les commissions mixtes établies à Sierra-Leone et à Rio-Janeiro étant devenues inutiles, il avait ordre de se concerter avec le gouvernement anglais pour leur prochaine dissolution, puisque les cas de traite ne relevaient plus désormais que des tribunaux ordinaires. Sans se prononcer sur le principe même de cette réclamation, le ministre des affaires étrangères de la Grande-Bretagne répondit, le 10 décembre, que la dissolution immédiate des commissions mixtes entraînerait de graves inconvénients, quelque temps devant s'écouler avant que des tribunaux pussent être définitivement constitués pour prononcer sur les cas de piraterie prévus par la convention de 1826. A cela l'envoyé du Brésil, le chevalier Mathos, répliqua que les commissions mixtes avaient été établies afin de prononcer sur la légalité de l'arrestation des bâtiments exerçant la traite, mais qu'une pareille arrestation avait cessé d'être légale depuis l'interdiction de la traite aux sujets brésiliens, et qu'en conséquence il fallait recourir à d'autres mesures en harmonie avec la situation nouvelle. Lord Palmerston se contenta de répondre à ce raisonnement péremptoire que le gouvernement anglais pensait qu'en vertu de l'article séparé du 11 septembre 1817 les commissions mixtes devaient continuer à rester en fonctions pendant quinze années, à partir du 13 mars 1830, ou jusqu'à ce que les deux gouvernements fussent tombés d'accord sur les changements à apporter à la convention de 1817 ; il ajouta que d'ailleurs il était tout disposé, pour sa part, à entrer en négociations à ce sujet.

Cependant, sur les pressantes sollicitations de l'Angleterre, dom

Section III.

Pedro promulgua, le 7 novembre 1831, un décret par lequel, déclarant libres tous les noirs qui seraient importés à l'avenir des côtes d'Afrique, il portait des amendes et des peines corporelles contre tout individu engagé dans le commerce des esclaves ; les navires employés dans cette sorte d'entreprises devaient être confisqués. Le 12 avril de l'année suivante, un autre décret ordonna que les navires arrivant à Rio-Janeiro seraient soumis à des recherches et à des investigations destinées à faire produire au décret du 7 novembre l'effet qu'on en devait attendre. Ce n'était pas encore assez, et le représentant de la Grande-Bretagne tenta, mais en vain, d'arracher au gouvernement brésilien, le 27 juillet 1835, deux articles additionnels à la convention de 1826, dont l'un autorisait la condamnation des navires armés pour la traite, et l'autre la démolition des navires ainsi condamnés.

L'intérêt particulier continua de l'emporter sur la foi due aux conventions, et la traite, loin de diminuer, prit clé jour en jour plus d'accroissement. Le nombre des esclaves importés sur les côtes du Brésil avait plus que doublé dans les dix dernières années. Les représentations du gouvernement anglais étaient impuissantes ; vainement entassait-il précautions sur précautions, les mesures les plus répressives demeuraient comme non avenues, d'autres, plus efficaces, étaient nettement repoussées. Tel fut le sort de la proposition faite au Brésil, le 27 mai 1839, d'adopter deux articles additionnels, stipulant : 1° que les noirs provenant des captures opérées en vertu de la convention de 1826 seraient placés sous la surveillance d'un curateur choisi par la commission mixte de Rio-Janeiro, et qui, sous les ordres de cette commission, veillerait à ce que les infortunés appelés par cette convention à la liberté restassent en possession de ce bienfait (car il avait été constaté que la plupart des noirs libérés par sentence des commissaires n'avaient pas cessé d'être retenus en esclavage) ; 2° que les noirs capturés à l'avenir seraient mis à la disposition du gouvernement du croiseur qui les aurait délivrés. Une pareille proposition ne pouvait guère satisfaire le Brésil, car elle allait précisément à l'encontre de son vif désir, qui était d'entrer dans un nouvel arrangement qui facilitât à ses sujets l'exercice du commerce des esclaves. Voyant ces dispositions, le gouvernement anglais lui soumit, le 31 décembre de cette même année, un projet de convention dont l'objet était d'abandonner aux autorités du Brésil le soin de réprimer et de détruire la traite, sous pavillon brésilien, dans les limites territoriales de cet empire, et de laisser les croiseurs anglais s'acquitter de cette tâche partout ailleurs que dans ces limites. Comme on l'imagine aisément, à ce prix, le gouvernement brésilien préféra garder la convention de 1826.

Ne désespérant pourtant pas de réussir, lord Palmerston chargea, le 23 août 1840, le représentant de l'Angleterre à Rio-Janeiro de proposer une nouvelle convention, qui portait l'abolition des commissions mixtes établies dans la capitale du Brésil et à Sierra-Leone, en vertu de la convention de 1826 ; mais, si sur ce point ce projet donnait satisfaction au Brésil, il n'en était pas de même de l'article qui stipulait que désormais les Africains trouvés à bord des bâtiments capturés seraient laissés à la charge du gouvernement du croiseur, c'est-à-dire de l'Angleterre, qui seule entretenait des croiseurs. Une des conséquences de cette stipulation était de soumettre les négriers brésiliens à la juridiction des tribunaux de l'amirauté siégeant dans certaines colonies anglaises. Le nouveau projet de convention était donc bien éloigné de remplir les vues du gouvernement brésilien. Cependant, sur les pressantes sollicitations de l'Angleterre, il consentit à entrer en négociations. Un commissaire fut chargé de traiter avec le délégué anglais, M. Ouseley. Les conférences s'ouvrirent le 20 août 1841, et six jours après le commissaire brésilien produisit un contre-projet. Voici en quoi ce contre-projet différait de la convention proposée l'année précédente par lord Palmerston :

1° D'après le projet présenté par l'Angleterre, il suffisait, pour prouver qu'un bâtiment était engagé dans le commerce des esclaves et pour le condamner, de démontrer qu'il se trouvait à bord de ce navire certains objets, tels que des fers, des chaînes, des menottes ou deux chaudières de grande dimension. D'après le contre-projet du cabinet brésilien, l'existence d'un seul de ces objets à bord n'était pas considérée comme une preuve suffisante de la culpabilité du navire ; il était nécessaire que plusieurs de ces objets se trouvassent réunis.

2° Le contre-projet brésilien disait, article 10 : « Aucun navire ne pourra être arrêté, bien qu'il ait à bord une grande quantité de planches ou autres pièces de bois, et des marchandises telles que du riz, de la farine, des étoffes de coton, lorsque ce navire sera frété dans un port du Brésil pour un autre port du même empire ou pour celui d'une autre nation, à l'exception des ports situés sur la côte d'Afrique où la traite des noirs peut avoir lieu. » Dans le projet de l'Angleterre, il était dit au contraire qu'un navire ainsi chargé serait arrêté et condamné, quelle que fût sa destination.

3° Enfin la convention proposée par l'Angleterre demandait l'abolition des commissions mixtes et le renvoi des navires arrêtés devant les tribunaux de l'amirauté anglaise, et le cabinet brésilien prétendait que les commissions mixtes fussent maintenues, telles qu'elles avaient été établies par le règlement annexé à la convention de 1817.

La discussion de ces deux projets dura plusieurs mois, et, bien que les deux commissaires parussent animés des dispositions les plus conciliantes, les instructions de leurs gouvernements respectifs leur enjoignaient expressément de ne faire aucune concession. Enfin, le 17 octobre 1842, le cabinet brésilien déclara formellement qu'il ne pouvait ratifier les articles proposés par l'Angleterre, par la raison que, sous le prétexte de mettre un terme à la traite, ils tendaient à troubler et à détruire le commerce légitime ; il ajoutait que si, d'une part, l'empereur du Brésil désirait coopérer à la suppression d'un trafic inhumain et nuisible à la prospérité future de l'empire, il comptait d'autre part au nombre de ses devoirs les plus sacrés celui de protéger le commerce légitime, ainsi que les droits et la liberté de ses sujets. Il était en effet impossible que le Brésil acceptât ce projet de convention, qui, loin de donner satisfaction à ses griefs, semblait habilement calculé pour aggraver sa situation. D'un autre côté, malgré ses protestations, on ne pouvait douter qu'il fût moins disposé que jamais à entrer dans la voie de répression efficace où le poussait le cabinet anglais. Les faits parlaient trop haut pour qu'on pût garder la moindre illusion à cet égard. Dans cet état de choses, la prudence commandait d'user de la plus grande modération et d'éviter avec soin de fournir au Brésil des prétextes honorables de repousser la convention préparée. Tout au contraire, le gouvernement anglais, avec cette hauteur qui caractérise ses procédés à l'égard des puissances de second ordre, paraissait prendre à tâche de marquer son dédain pour les formes et les apparences de la justice et de la légalité, et cela dans le moment même où se débattaient ses propositions. Ainsi, non-seulement les navires arrêtés par les croiseurs britanniques, traduits devant la commission mixte de Rio-Janeiro et relâchés, ne recevaient pas l'indemnité due aux pertes occasionnées par cette injuste détention, mais encore le commissaire anglais, M. Samo, prétendait qu'une sentence d'acquittement faute de preuves n'absolvait pas les navires capturés, et partant les rendait indignes de toute indemnité.

Il nous suffira de rapporter un seul fait pour donner une idée des abus que se permettaient les croiseurs anglais avec l'approbation de leur gouvernement. Le 16 septembre 1842, un négrier brésilien, la *Vencedora*, fut capturé par les embarcations du brick de guerre anglais le *Frolic*, et amené à Rio-Janeiro : il avait à bord trois cent cinquante noirs. Le ministre des affaires étrangères, M. Paulino Soarez de Souza, en réclama immédiatement le renvoi devant la commission mixte. Le chargé d'affaires d'Angleterre, M. Hamilton, répondit que ce bâtiment, ayant été saisi pour fait de piraterie, devait être traduit devant le tribunal de vice-amirauté du Cap de Bonne-Espérance. M. Paulino répliqua que ni la loi du 7 novembre 1831 ni le code brésilien n'assimilaient à la piraterie le fait d'introduire des esclaves sur le territoire du Brésil. Le ministre anglais invoquait l'article par lequel le gouvernement brésilien s'était engagé à présenter, dans le délai de trois années après la ratification de la convention de 1826, un projet de loi déclarant la traite illégale et assimilant ce trafic à la piraterie. Il se fondait sur la non-exécution de cet article pour ne tenir aucun compte de la protestation du ministre brésilien ; les noirs capturés furent envoyés à la Trinité pour y être mis en liberté, et la *Vencedora*, traduite devant le tribunal du Cap, fut condamnée. Le cabinet de Rio-Janeiro n'eut plus qu'à courber la tête, mais ce ne fut pas sans protester énergiquement contre « ces actes violents et arbitraires qui empiètent sur les droits des nations et blessent la dignité des peuples.

La conduite des croiseurs anglais et l'attitude prise dans ces divers conflits par leur gouvernement sont en effet inexcusables. C'est pour prévenir de tels abus de la force que nos chambres ont réclamé et obtenu l'abrogation des conventions de 1831 et de 1833. Il est fâcheux que le gouvernement brésilien prît comme à plaisir

Section III.

d'infirmer d'avance ses protestations en tolérant lui-même la plus impudente violation des traités. Voici en quels termes s'exprime à cet égard un témoin oculaire dont le témoignage ne saurait être mis en doute : « Les capitaines de port, répandus sur la côte du Brésil pour empêcher la traite, sont tous d'anciens traitants. Les juges de paix auxquels est confiée l'exécution des mesures protectrices des noirs sont propriétaires d'esclaves. Il y a, au Brésil, une loi qui punit les négriers de vingt années d'emprisonnement ; mais cette loi n'a pas été appliquée une seule fois, quoique le commissaire anglais attaché à la commission mixte de Rio-Janeiro ait sollicité des poursuites en maintes occasions, et que le gouvernement anglais ait adressé des plaintes à ce sujet. Les places, les ordres, les honneurs, les dignités, n'ont pas cessé d'être le partage de traitants connus. » Tel était en 1842, tel est encore l'état de l'opinion publique au Brésil en faveur de la traite, que les stipulations des traités étaient partout regardées comme lettre morte. Il n'est pas d'obstacles que ne rencontrassent les membres anglais de la commission mixte ; les jugements de ce tribunal étaient suivis de procès interminables toutes les fois qu'il s'agissait d'une condamnation. Les sommes provenant de la vente des bâtiments négriers n'étaient touchées qu'au bout de plusieurs années. Pour accélérer la marche des affaires, il fallut que le gouvernement anglais forçât le Brésil à rendre un décret qui interdisait aux tribunaux tout acte de nature à entraver l'exécution des sentences de la commission mixte. « Je suis fâché, écrivait deux ans après M. Hamilton à lord Aberdeen, je suis fâché d'avoir à vous répéter que ce décret n'a encore produit aucun avantage sensible, et qu'il n'a pas obtenu des autorités locales l'obéissance qui lui est due. »

Un tel état de choses avait pour conséquence inévitable de substituer des deux parts une dangereuse irritation à cet esprit de justice, de conciliation, de respect aux traités qui seul pouvait mener à bon terme l'entreprise difficile où l'on s'était engagé. Tandis que les Brésiliens, sûrs de la tolérance, de la protection même de leur gouvernement, se livraient avec ardeur à la traite ou se prêtaient avec complaisance aux manœuvres des négriers, les croiseurs anglais, irrités par tant de mauvaise foi, de mauvais vouloir, mus d'ailleurs par un zèle peu désintéressé,[1] redoublaient

---

1 On sait que les officiers et les équipages des croiseurs anglais ont une part propor-

de violence et outrepassaient leurs instructions, déjà si rigoureuses. Par une conséquence naturelle, leurs procédés, souvent arbitraires, réveillaient dans les Brésiliens et surtout dans le gouvernement un amour-propre d'autant plus vif qu'il avait longtemps sommeillé. Le sentiment de la dignité nationale, de l'honneur du pavillon, se mêlait à la haine de l'étranger insolent et fort. De là des froissements, des querelles particulières, des collisions où se trouvaient agitées les plus grosses questions du droit des gens. Ajoutez à cela le rôle essentiellement actif, turbulent, des intérêts privés en souffrance, et, loin de s'étonner que les négociations n'aient pu aboutir, on aura plutôt peine à comprendre que de cette mêlée d'intérêts contraires il ne soit pas résulté les plus graves complications.

L'affaire de la *Leopoldina* ne jette pas moins de lumière sur la mauvaise foi du gouvernement brésilien et des autorités locales que sur l'arbitraire et le zèle excessif des croiseurs anglais ; elle révèle aussi sur quelle échelle, en dépit de toutes les entraves, s'exerçait la traite. Le 26 novembre 1843, la *Leopoldina*, négrier brésilien, mais portant le pavillon portugais et ayant à son bord huit cents esclaves, poursuivi par le croiseur anglais le *Partridge*, vint se jeter à la côte sous le canon de Macahé. Aux termes des traités, les croiseurs de la marine britannique ne peuvent procéder à la visite d'un navire dans les eaux brésiliennes. Néanmoins le capitaine du *Partridge* dirigea ses embarcations sur la *Leopoldina* ; mais quand elles approchèrent du négrier échoué, qui venait de mettre ses esclaves à terre, l'officier commandant de Macahé leur ordonna de rétrograder, et ses soldats mirent en joue l'équipage des embarcations. Le capitaine anglais vint aussitôt à terre pour se plaindre que les autorités locales eussent permis le débarquement des esclaves, et qu'elles eussent souffert que les embarcations du *Partridge* fussent menacées sur la côte d'un pays allié. De leur côté, les autorités de Macahé prétendirent que le capitaine du *Partridge*, en cherchant à visiter un navire placé sous le canon d'un fort, avait enfreint le traité et avait commis une insulte à la

---

tionnelle sur le montant de la vente des bâtiments condamnés pour s'être livrés à la traite des noirs, mais on ignore généralement que cette part s'élève à des sommes considérables. Il ressort d'un document publié par le gouvernement (*Return to on adress of the hon. house of commons, dated 13 mars 1845*, p. 1-11), que, du 1er janvier 1839 au 30 décembre 1844, les croiseurs anglais ont retiré, sur la vente de leurs prises, 202,805 liv. 7 sh. 6 d., c'est-à-dire 5,700,075 fr. 60 c.

Section III.

nation brésilienne, insulte qui ne pouvait être trop rigoureusement réprimée. Voici en quels termes s'exprimait à ce sujet le résident anglais, M. Hamilton, dans une lettre adressée à lord Aberdeen à la date du 22 décembre : « Les pièces jointes à ma lettre, disait-il, démontrent suffisamment la complicité des autorités civiles et militaires de Macahé dans les opérations de la traite des noirs ; elles prouvent également que, malgré les efforts de la légation et de l'escadre britanniques, il y a peu de chances d'obtenir l'exécution du traité conclu entre l'Angleterre et le Brésil pour la suppression de ce trafic. D'un autre côté, on ne peut mettre en doute la mollesse avec laquelle le gouvernement de ce pays recherche les auteurs de ces transgressions. Cette mollesse peut être considérée comme une complicité directe. Ma correspondance a dû convaincre votre seigneurie du peu de cas que le gouvernement brésilien fait des réclamations relatives à la traite des noirs. La dernière note du ministre des affaires étrangères, M. Aureliano, au sujet de la *Leopoldina*, est une nouvelle preuve de ce dédain. Il est dit dans cette note que ce navire est entré dans la rade de Macahé pour réparer quelques avaries et une voie d'eau. « Rien ne porte à croire d'ailleurs, ajoute M. Aureliano, que ce navire fût employé à la traite des noirs. » Et cependant les officiers et l'équipage du *Partridge* ont vu débarquer plusieurs centaines de noirs enchaînés deux à deux. Les autorités brésiliennes étaient présentes, et c'est sous les fenêtres même de la maison où elles étaient réunies que les esclaves ont été mis à terre. Ma réponse à M. Aureliano a été très brève : l'expérience a démontré combien il est inutile d'entrer en discussion sur des faits de ce genre. D'ailleurs, je désirais vivement ne pas prolonger une correspondance qui aurait eu pour effet d'augmenter l'irritation du gouvernement brésilien contre la Grande-Bretagne, et par suite les difficultés qui paraissent entourer la mission de M. Ellis. »

Un autre sujet de dissentiment vint bientôt irriter les blessures du gouvernement brésilien. Le 28 janvier suivant, M. Aureliano adressait à la légation britannique des plaintes très vives sur la conduite de M. Christie, capitaine du croiseur anglais la *Rose*. Cet officier, en visitant un navire suspect, avait brisé le sceau des armes du Brésil pour prendre connaissance du manifeste de ce navire. Le ministre brésilien considérait cet acte, indispensable, on va le voir, à la recherche autorisée par la convention de 1826, comme une atteinte portée à la dignité de l'empire. « Jamais, disait-il, insulte plus grave n'a pu être faite à sa majesté l'empereur du Brésil et à la nation brésilienne. Le gouvernement de l'empereur demande la satisfaction que lui doit le gouvernement de la reine d'Angleterre. » M. Hamilton répondit : « Il paraît que la douane brésilienne est dans l'usage de sceller du sceau de l'état les manifestes des navires ; mais toute personne chargée d'exercer le droit de recherche doit pouvoir briser ce cachet pour examiner les pièces qu'il renferme. Si, pour des raisons fiscales ou pour tout autre motif, le gouvernement brésilien croit devoir persister dans l'usage de sceller les manifestes, il doit au moins en délivrer un duplicata revêtu de signatures qui en garantissent l'authenticité. Faute de prendre ce soin, les officiers commis à la répression de la traite n'auront d'autre alternative que de reconduire le navire au port d'où il est parti, afin que les autorités compétentes brisent le cachet apposé au manifeste. » Toutefois M. Hamilton qualifiait d'excessif le zèle qu'avait montré en cette circonstance le capitaine de la *Rose*, et annonçait que des mesures seraient prises pour prévenir le renouvellement de tout acte semblable. Cette conduite prudente fut nettement désapprouvée par lord Aberdeen. « Je regrette, disait ce ministre dans une dépêche du 3 mai 1843, je regrette d'avoir à vous faire observer que le contenu de votre note au ministre brésilien n'est pas de nature à donner au gouvernement de l'empereur une idée juste de la manière dont le gouvernement de sa majesté britannique envisage la conduite de l'officier qui a été l'objet des plaintes ci-dessus énoncées. Le gouvernement anglais ne pense pas qu'il y ait lieu d'accuser cet officier d'un excès de zèle. En effet, il a été déclaré que le gouvernement de la reine, fort éloigné d'ailleurs de réclamer le droit de prendre connaissance des documents scellés des armes impériales, considérerait comme du devoir des officiers chargés de la répression de la traite de ramener au port d'expédition les navires suspects, au cas où il serait interdit à ces officiers de faire lecture du manifeste enfermé sous le sceau de l'état. Le capitaine Christie, en brisant le sceau apposé au manifeste du navire en question, a épargné aux armateurs les graves inconvénients qui eussent été la conséquence du retour de ce bâtiment au port d'expédition. Cet officier n'a donc fait que s'acquitter de son devoir d'une manière convenable. Tant que le

Section III.

gouvernement brésilien n'aura pas fait choix entre l'alternative de voir reconduire les bâtiments aux ports d'où ils ont été expédiés, ou de leur remettre un duplicata de leur manifeste, il ne doit pas s'attendre à ce que le gouvernement de la reine donne aux officiers chargés de réprimer la traité l'ordre absolu de s'abstenir de rompre le sceau renfermant le manifeste des navires suspects.

M. Hamilton transmit au ministre brésilien une note qui posait l'alternative indiquée par lord Aberdeen. Le successeur de M. Aureliano, M. Paulino Soarez de Souza, refusa formellement d'obtempérer à la demande formulée par M. Hamilton, tout en protestant hautement contre la prétention de ramener au port d'expédition les navires dépourvus du duplicata exigé, attendu que l'article 1er des instructions du 20 juillet 1817 défend, disait-il, de détenir les navires qui ne contiennent pas d'esclaves, et l'absence d'un duplicata du manifeste ne pouvait en aucun cas justifier la détention. C'est sur ces entrefaites qu'arriva à Rio-Janeiro M. Ellis, chargé de traiter du renouvellement du traité de commerce, dont l'expiration était peu éloignée. Lord Aberdeen se flattait sans doute que les deux négociations se prêteraient un mutuel appui ; c'est le contraire qui arriva. L'irritation des Brésiliens, loin de s'apaiser, trouvait un nouvel aliment dans tous les actes de l'Angleterre. Il n'y avait pas jusqu'à ces paroles si violentes, si inconsidérées, que se permettent chaque jour, dans le parlement britannique, les hommes les plus considérables, qui n'eussent du retentissement dans les assemblées législatives de Rio-Janeiro. « Les dépêches de M. Hamilton et de M. Samo, écrivait M. Ellis, ont fait connaître à votre seigneurie l'audace avec laquelle s'opère l'importation des esclaves dans toute l'étendue des côtes du Brésil, et jusque dans le port même de Rio-Janeiro. Quelle que soit la notoriété de ces faits, M. Vasconcellos n'a pas hésité à déclarer en plein sénat, dans la séance du 25 février dernier, qu'aucun esclave n'a été débarqué au Brésil durant les douze derniers mois. Cette assertion n'avait pas plus de valeur aux yeux de l'auditoire que dans l'esprit de M. Vasconcellos lui-même ; mais M. Vasconcellos est trop fin pour avoir commis un mensonge si manifeste, sans autre but que de faire une simple bravade. Je ne doute pas qu'il ne se soit exprimé de la sorte afin de donner plus de crédit aux dénégations que le gouvernement brésilien croirait devoir opposer aux reproches mérités par son indifférence, sinon par sa mauvaise volonté dans la répression de la traite. Votre seigneurie doit se préparer à voir le gouvernement brésilien refuser absolument d'admettre que les importations d'esclaves ont augmenté pendant la période désignée par M. Vasconcellos. »

De son côté, M. Hamilton adressait la note suivante, le 7 avril, au gouvernement brésilien : « Dans une des dernières séances du sénat impérial, un membre distingué de cette chambre et du conseil d'état a avancé qu'il n'avait pas été importé un seul Africain au Brésil dans le cours des douze derniers mois. Il a ajouté que, le Brésil ayant été stigmatisé, dans la chambre des lords, comme un pays livré à ce trafic illicite, il était du devoir du gouvernement brésilien de repousser cette calomnie offensante pour la nation. Il a en outre provoqué une enquête sur les individus signalés comme étant engagés dans le commerce des noirs, déclarant en même temps que ce commerce avait entièrement cessé. Pour repousser cette étrange assertion, le soussigné prend la liberté de répondre par un relevé bien incomplet sans doute des négriers qui ont débarqué leurs cargaisons sur la côte du Brésil, aux environs de Rio-Janeiro, depuis le 1er novembre 1842 : ils sont au nombre de 39. A raison de 300 nègres chacun, ce qui est une moyenne très modérée, ces 39 navires ont débarqué 11,700 esclaves. La moyenne véritable est de 450 Africains par négrier, ce qui porte à 17,550 le nombre de ceux qui ont été importés aux environs de Rio-Janeiro dans le courant des cinq derniers mois. Si ces chiffres sont exacts, ainsi que le soussigné a lieu de le croire, l'assertion contraire produite dans le sénat est évidemment erronée, et toutes les déductions que M. Vasconcellos en a tirées pèchent par la base. Pour mieux démontrer que la traite est le commerce ordinaire et permanent d'un grand nombre de négociants dans les diverses parties de l'empire, le soussigné appelle l'attention du gouvernement brésilien sur les faits suivants : il existe, dans le voisinage de Fernambuco et de Bahia, des établissements où l'on reçoit les noirs nouvellement importés, et où on leur apprend la langue du pays, avant de les amener ici sur des navires côtiers, pour les mettre en vente. A Macahé sont également des établissements où les navires qui ont quitté Rio-Janeiro sur lest, afin d'échapper aux croiseurs, vont faire leur chargement, et où ils trouvent l'équipement nécessaire à leur

Section III.

trafic criminel. Des établissements semblables ont aussi été formés récemment au sud de Santos. Dans ce même lieu et aux environs, ce commerce prend chaque jour de plus grands développements. Les noirs de traite y sont menés publiquement dans les rues et vendus avec aussi peu de cérémonie que si ce trafic était parfaitement légitime. »

Presque à la même date, M. Hamilton écrivait à lord Aberdeen : « Les faits que j'ai soumis à l'appréciation du gouvernement brésilien ne sont pas les seuls que j'eusse pu lui exposer, mais je n'ai pas voulu porter contre lui une accusation trop grave, en détaillant les transactions plus coupables encore qui ont eu lieu sous les yeux mêmes de l'autorité centrale. Ainsi des navires ont été mis, il y a peu de mois, à la disposition du gouvernement pour transporter des troupes dans le sud. C'était, disait-on, un acte de pur patriotisme, mais le résultat a fait justice de ces trompeuses apparences. Ces navires ont été dirigés sur les marchés à esclaves, l'équipement propre au transport des soldats étant également convenable pour le commerce des noirs. Le 16 mars, deux bandes de noirs nouvellement débarqués ont traversé les principales rues de Rio-Janeiro en plein midi. Dans les mêmes rues, il existe plusieurs dépôts où des noirs de même espèce sont ouvertement mis en vente. Le matin du jour suivant, vers sept heures, une très grande chaloupe, remplie de noirs africains dans un état de nudité complète, a traversé le port en présence d'une multitude de personnes ; elle a poursuivi sa route sans obstacle d'aucune sorte avec sa cargaison de contrebande. Il y a quelques mois, un des forts construits près de l'entrée du port recevait les Africains débarqués dans le voisinage, et leur donnait un abri pendant la nuit à tant de *reis* par tête. Il y a toute sorte de raisons de croire que les mêmes asiles sont encore ouverts aux violateurs de la loi. Lorsque la légation britannique a pu recueillir ces renseignements avec les moyens insuffisants et les agents non responsables dont elle dispose, est-il déraisonnable d'exiger que le gouvernement brésilien puise aux sources officielles, et grâce à des moyens d'information comparativement illimités, une connaissance plus prompte et plus approfondie de l'état de la traite ? De deux choses l'une : ou le gouvernement ne fait aucun effort pour être informé de ces infractions aux lois et aux traités, ou, après en avoir obtenu connaissance, il ne fait pas preuve de la loyauté et de l'énergie nécessaires pour les réprimer. De l'une ou l'autre de ces alternatives, il résulte que le Brésil n'a pas exécuté sincèrement les conventions conclues avec la Grande-Bretagne pour mettre fin à un système d'injustice et d'oppression intolérables. »

En présence de ces informations et de l'opposition systématique du gouvernement brésilien à tout arrangement pour rendre efficaces les dispositions arrêtées en 1817, lord Aberdeen crut devoir employer un langage menaçant. Dans une dépêche écrite à M. Hamilton le 5 juillet 1843, après avoir énuméré plusieurs cas où les négriers avaient été protégés ouvertement par les autorités locales, lord Aberdeen s'exprimait en ces termes : « Quelles que soient les concessions que le gouvernement de sa majesté britannique est disposé à faire aux préjugés, aux erreurs, à la jalousie et à la faiblesse, il ne peut passer sous silence une violation aussi manifeste des conventions, ni souffrir qu'elle reste sans remède. Remontrances sur remontrances ont été faites, et cependant le mal, loin de diminuer, s'accroît chaque jour. Cet état de choses ne peut être attribué uniquement à la faiblesse du gouvernement brésilien, car, en 1840 et en 1841, ce gouvernement ayant manifesté l'intention de remplir les obligations du traité, les importations d'esclaves ont immédiatement diminué. A présent, au contraire, que l'administration fait preuve de dispositions contraires, l'éloignement momentané des croiseurs anglais chargés de la répression de la traite sur les côtes du Brésil a donné à ce trafic une activité qui prouve que les spéculateurs engagés dans ce commerce illégal ne craignent pas d'obstacles de sa part… Le temps est enfin venu pour le gouvernement anglais de déclarer qu'il n'entend pas que les obligations contractées par la convention de 1826 tombent en désuétude par suite d'un défaut de concours de la part du gouvernement du Brésil, et s'il refusait d'adopter, de concert avec la Grande-Bretagne, des mesures calculées pour donner leur plein et entier effet aux stipulations de la convention de 1826, il ne resterait plus au gouvernement de sa majesté britannique qu'à prendre les moyens nécessaires pour remplir seul, et avec ses propres ressources, les obligations imposées par cette même convention. »

La note de M. Hamilton, rédigée conformément à ces instructions,

Section III.

fut remise au ministre des affaires étrangères du Brésil le 1et septembre. Malgré le ton impérieux et menaçant de ses paroles, M. Hamilton laissait néanmoins entendre qu'il avait ordre d'accueillir avec empressement toutes les ouvertures qui, même à la dernière heure, pourraient faire entrevoir chez le gouvernement brésilien l'intention d'entrer dans un arrangement favorable aux vues de l'Angleterre. Cette insinuation ne fit qu'augmenter l'irritation du Brésil. La réponse du ministre des affaires étrangères, M. Paulino, annonçait une détermination bien arrêtée. A entendre ce ministre, le défaut d'accord entre les deux gouvernements devait être uniquement attribué à la nature des propositions de l'Angleterre. Il reconnaissait que les croiseurs anglais avaient rencontré de la résistance chez les autorités locales ; mais, si des collisions en étaient résultées, il ne fallait s'en prendre qu'aux croiseurs eux-mêmes, premiers violateurs des dispositions contenues dans les divers traités relatifs à la répression de la traite, et notamment de l'article 2 des instructions annexées à la convention du 28 juillet 1817. C'était là le point principal de la querelle, et voici en quels termes s'exprimait à cet égard M. Paulino : « Cet article stipule qu'aucun navire ne pourra être visité ni saisi, sous quelque prétexte que ce soit, dans les ports ou à la portée des canons des forts. Il est donc une garantie indispensable de l'indépendance du territoire de l'empire, et on ne peut le violer sans violer aussi l'indépendance du Brésil. Le sens clair et évident de cet article est que la police de la mer et la répression du trafic des esclaves sur les côtes et dans les eaux du Brésil appartiennent aux autorités de l'empire, et que les croiseurs britanniques n'ont pas le droit d'intervenir là où s'étend la portée des canons des batteries de la côte. Ces stipulations ont été constamment méconnues ; les croiseurs anglais détachent des embarcations armées pour faire la police dans les eaux de l'empire ; les équipages descendent en armes sur la côte, inspectent des navires et cherchent à en opérer l'arrestation ; ils viennent visiter les maisons et autres établissements sur le rivage. Ces procédés ne peuvent manquer d'éveiller la susceptibilité nationale et d'exciter des ressentiments. De là résultent des collisions très fâcheuses. Le traité est violé, l'indépendance du territoire n'est pas respectée, et on voudrait que le gouvernement impérial donnât satisfaction de la résistance que les autorités brésiliennes apportent à de pareils procédés ! »

Après avoir brièvement rappelé les négociations entamées entre les deux gouvernements relativement à la convention proposée au mois d'août 1840, et le contre-projet produit, le 20 août 1841, par le cabinet brésilien, M. Paulino terminait en ces termes : « Au lieu d'établir une discussion régulière pour concilier les différences que présentaient ces deux projets, le gouvernement britannique adresse une note menaçante. Le gouvernement impérial n'hésite pas à rentrer en négociation ; mais, avant tout, il réclame le respect qui est dû aux droits du Brésil comme empire indépendant ; il demande à discuter les conditions de la nouvelle convention, et il croit que cette convention doit être acceptée et non imposée par la force. Dans une lettre adressée aux lords de l'amirauté, à la date du 20 mai 1842, lord Aberdeen a blâmé la conduite de quelques croiseurs anglais, et il a dit que leurs procédés ne pouvaient être regardés comme sanctionnés par le droit des gens ou par les dispositions d'aucun traité existant, et que, bien qu'il fût très désirable de mettre un terme à la traite, ce but excellent ne devait pas être poursuivi autrement que par des voies légales. Si cette solennelle déclaration, digne d'une nation éclairée et puissante, ne s'applique pas au Brésil, et si les menaces de M. Hamilton doivent être réalisées, le gouvernement impérial ne cédera qu'à la force et en protestant à la face du monde entier contre la violation de ses droits et contre les outrages dont il sera victime. »

Comme on le voit, le gouvernement brésilien relevait avec fierté le gant ; loin de s'incliner devant la menace de l'Angleterre, il dédaignait de se justifier des accusations dirigées contre lui et se contentait de répondre par des récriminations. Plusieurs notes furent échangées de part et d'autre, qui toutes tournaient dans ce cercle sans issue. L'unique résultat de cette discussion fut la rupture des négociations pendantes, et la solution de la question fut indéfiniment ajournée.

Cependant chaque jour voyait se renouveler les mêmes querelles, les mêmes conflits, relativement à l'exécution de la convention de 1826. Les autorités locales prêtaient plus ouvertement encore que par le passé leur appui au débarquement des esclaves sur tous les points de la côte, et même dans les environs de Rio-Janeiro. Le mauvais vouloir du gouvernement brésilien ne tarda pas à se

Section III.

traduire d'une manière plus grave dans le sein de la commission mixte siégeant à Sierra-Leone. il y avait déjà longtemps que celle de Rio-Janeiro ne fonctionnait plus en réalité. Pour bien comprendre la nature de cette nouvelle complication, il faut se rappeler que ces commissions devaient se composer de deux juges, l'un anglais, l'autre brésilien ; chacun d'eux avait un suppléant qui servait au besoin d'arbitre. Lorsque les deux commissaires tombaient d'accord, tout était dit : la sentence d'acquittement ou de condamnation suivait son cours naturel ; mais, lorsqu'il y avait dissidence, ce qui arrivait presque toujours lorsqu'il s'agissait d'un bâtiment brésilien, on avait recours à l'arbitrage de l'un des deux juges suppléants désigné par le sort. D'après la lettre de la convention, pour qu'un navire capturé fût déclaré de bonne prise, il fallait qu'il eût des esclaves à bord. Hors ce cas, les commissaires brésiliens se prononçaient toujours pour l'acquittement ; les commissaires anglais, au contraire, condamnaient tout navire qui, bien qu'il n'eût pas des esclaves à bord, pouvait être convaincu, sur les plus faibles indices, d'avoir été équipé pour la traite. Le sort seul décidait donc de la condamnation ou de l'acquittement, car l'arbitre consulté ne manquait jamais de se ranger à l'opinion émise par son compatriote. La commission de Sierra-Leone avait jusque-là rempli sa tâche d'une manière satisfaisante ; mais, à la suite de ces conflits entre les deux gouvernements, le commissaire brésilien, profitant d'une de ces discussions sur la lettre et l'esprit de la convention qui se renouvelaient à chaque séance, déclara que désormais, quelles que fussent les apparences de la culpabilité des bâtiments capturés, il condamnerait seulement ceux qui auraient des esclaves à bord. Le commissaire anglais prit acte de cette déclaration et en instruisit lord Aberdeen, qui répondit que non-seulement il fallait continuer de condamner les navires sur le fait de leur équipement pour la traite, mais que sur le refus du commissaire brésilien il fallait passer outre et mettre le navire capturé en adjudication. Alors les deux commissaires brésiliens, sans doute sur les instructions de leur gouvernement, protestèrent contre cette décision arbitraire, et quittèrent sans retard Sierra-Leone.

Section IV.

Nous entrons maintenant dans une nouvelle phase du débat. On va voir éclater et se formuler en actes décisifs cette tendance des deux gouvernements à s'éloigner des vues conciliatrices qui, au moins en apparence, les avaient dirigés jusque-là ; tous deux, sous l'empire de circonstances incidentes et jusqu'à un certain point étrangères à la question principale, sont amenés à prendre une détermination déplorable. Le Brésil refuse, non pas seulement d'ajouter aucun article nouveau à la convention de 1826, mais même de reconnaître à ce traité une plus longue existence ; l'Angleterre se trouve dans la nécessité de réaliser ses menaces, c'est-à-dire d'adopter des mesures capables de maintenir en vigueur le principe essentiel de cette convention.

On a vu plus haut que, dans les derniers mois de 1842, M. Ellis était arrivé à Rio-Janeiro avec la mission de traiter du renouvellement du traité de commerce qui liait l'Angleterre et le Brésil, et dont le terme expirait le 10 novembre 1844. Ce traité, qui datait de 1827, était exclusivement à l'avantage de la Grande-Bretagne. Tandis que ses produits manufacturés n'étaient frappés que d'un droit très modéré, 15 pour 100 *ad valorem* en moyenne, elle prélevait sur les principaux produits du Brésil des droits exorbitants : le café payait un droit d'entrée équivalant à 200 pour 100, et le sucre était en quelque sorte prohibé par le droit de 63 shillings par quintal, qui équivalait à 300 pour 100 *ad valorem*. Il en résultait que, tandis que les importations britanniques au Brésil s'élevaient à une somme considérable, les exportations en retour étaient si bornées par la force même des choses, que les navires anglais, qui avaient le monopole des transports, étaient obligés de revenir sur lest.[1] Un tel état de choses, désavantageux pour la marine et le commerce britanniques, était encore bien plus contraire aux

---

1 L'Angleterre a importé au Brésil, en produits manufacturés seulement,
en 1841 pour une valeur de 2,556,554 liv. st.
1842 - - - de 1,756,805
1843 - - - de 2,140,133
1844 - - - de 2,413,538

Les tissus de coton entraient pour près de la moitié dans ces sommes ; venaient ensuite les tissus de laine et les tissus de fil. Durant ces mêmes années, les exportations du Brésil pour l'Angleterre n'ont pas dépassé en moyenne 500,000 liv. st.

intérêts producteurs du Brésil. Il ne pouvait donc se maintenir plus longtemps, et le Brésil attendait avec impatience l'expiration du traité de 1827 pour obtenir des conditions plus favorables. Telle était aussi l'espérance dont se flattait l'Angleterre. Si elle n'eût été aveuglée par sa confiance accoutumée en sa bonne fortune, elle n'eût pas manqué de voir, dans les sentiments d'hostilité et de malveillance qu'avait excités sa conduite récente, des symptômes peu équivoques de son erreur. Bien loin d'accueillir les propositions exorbitantes de M. Ellis, le cabinet brésilien manifesta tout d'abord des exigences qui parurent énormes aux yeux du gouvernement anglais, mais qui, en réalité, n'étaient que justes et raisonnables. « Si M. Ellis, disait M. Gladstone dans la chambre des communes, le 7 mars 1844 ; si M. Ellis a échoué dans sa négociation, c'est à cause des prétentions exagérées du Brésil. Cette puissance a demandé d'abord que ses sucres fussent admis sur le pied de l'égalité avec les sucres des colonies anglaises, et elle s'est enfin rabattue sur un droit différentiel d'un dixième seulement, de sorte que, tandis que le droit sur le sucre de nos colonies est de 25 sh., nous aurions admis les sucres du Brésil à 27 sh. 6 d. La mission de M. Ribeiro, envoyé du Brésil à Londres, a également échoué, parce que l'importance excessive qu'il a attachée au commerce du Brésil a suscité d'insurmontables objections. En échange d'une différence de 2 sh. 6 d. en faveur de nos sucres coloniaux, le Brésil offrait de taxer nos tissus de laine à raison de 30 et nos tissus de coton à raison de 40 pour 100. Ces droits étaient établis non comme source de revenus, mais comme protecteurs des fabriques brésiliennes. D'un autre côté, dans un rapport officiel, le gouvernement du Brésil a déclaré que le chiffre de 60 pour 100 était le moins élevé qu'il fût possible de fixer pour protéger utilement les intérêts brésiliens.

C'est sur ces entrefaites que sir Robert Peel présenta un bill qui, tout en maintenant le droit prohibitif de 63 sh. par quintal sur les sucres des colonies espagnoles et du Brésil, abaissait à 34 sh. celui des pays où l'esclavage des noirs n'existait pas ou n'avait jamais existé. Cette mesure n'était pas de nature à faire revenir le cabinet de Rio-Janeiro de ses dispositions hostiles à l'égard du commerce et de l'industrie britanniques, et encore moins à le rendre plus accommodant à l'endroit des prétentions de l'Angleterre pour la répression plus efficace de la traite. Néanmoins le cabinet anglais n'avait pas perdu tout espoir, et se flattait de vaincre les répugnances du Brésil. Le 26 juillet 1844, sir Robert Peel disait dans la chambre des communes : « Je crois en vérité que la traite est le trafic le plus inique qui ait jamais existé, qu'il engendre plus de misère, qu'il entraîne à plus de crimes qu'aucun acte public qui ait jamais été commis par aucune nation, quel que fût son mépris pour les lois divines et humaines. Je dis, et il faut qu'on le sache, qu'il y a deux nations, deux seulement, qui sont coupables de la continuation de ces crimes. Toutes les puissances civilisées, ces deux puissances seules exceptées, ont le désir de concourir à la suppression de la traite. Si l'Espagne et le Brésil voulaient coopérer avec zèle à cette œuvre, nous verrions la traite cesser complètement ; mais nous ne pouvons pas espérer de réussir sans la coopération de l'Espagne et du Brésil. Avec cette coopération, au contraire, le succès est certain. J'accuse donc les gouvernements de ces deux pays de toutes les souffrances qui résultent de la traite des noirs, et je leur en laisse toute la responsabilité. J'espère que les gouvernements et les peuples de ces deux pays sentiront la grave responsabilité qui pèse sur eux. J'espère qu'ils comprendront que l'Europe et le monde civilisé ont les yeux ouverts sur leur conduite. Si par malheur ces considérations élevées ne leur suffisent pas, qu'il me soit permis de les avertir du danger auquel ils s'exposent, danger qui est imminent. » L'Espagne comprit la portée de ces paroles et ne tarda pas à souscrire à toutes les mesures que souhaitait l'Angleterre. Le Brésil seul demeura sourd à toutes les instances.

Cependant la traite était plus considérable qu'elle ne l'avait été dans les années précédentes. En 1843, le prix d'un *boral* ou noir récemment importé était tombé de 1,400 fr. à 1,000 fr., tant les opérations des négriers, favorisées par les autorités locales, avaient été fructueuses. Dans les neuf premiers mois de 1844, il était arrivé de la côte d'Afrique à Rio-Janeiro ou dans les environs 13 négriers ; à Bahia 25, ayant un chargement de 4,971 esclaves ; Fernambuco en avait reçu un nombre proportionnel. De ces deux premiers ports, dans le même laps de temps, il avait été expédié 30 navires équipés pour le trafic des esclaves : encore ces renseignements recueillis à grand'peine sur l'état de la traite étaient-ils sans doute fort incomplets. En 1844, le consul anglais à Rio-Janeiro écrivait à lord Aberdeen : « Telle est l'efficacité du système suivi pour dérober à la connaissance du public les opérations des négriers, qu'il est impossible de constater avec quelque certitude, soit le nombre des esclaves importés, soit celui des navires qui, après avoir déchargé leur cargaison de noirs, ont été équipés de nouveau et renvoyés à la côte d'Afrique. » On peut juger du développement de ce trafic odieux et des cruautés qui l'accompagnaient par ce seul fait, que, parmi les négriers arrivés à Fernambuco dans les trois premiers mois de 1844, il se trouvait un navire de 21 tonneaux qui avait transporté 97 noirs, ou 5 hommes par tonneau, et un autre de 381 tonneaux, qui avait pris plus de 900 esclaves ; sur ce nombre, 816 seulement étaient arrivés vivants, 500 moururent dans les premiers jours du débarquement, et plus de 100 avaient perdu la vue. En 1845, la traite se faisait sur une plus grande échelle encore. Dans les sept premiers mois de cette année, les croiseurs anglais ont capturé 39 navires brésiliens, ayant à bord 2,605 noirs.

A la grande surprise du cabinet anglais, le 12 mars 1845, M. Hamilton reçut une note du ministre des affaires étrangères du Brésil, qui lui annonçait que, le lendemain, c'est-à-dire le 13 mars, expiraient les quinze années durant lesquelles la convention du 28 juillet 1817 devait être en vigueur, et qu'à compter de ce jour, le droit de recherche réciproque et les autres dispositions de cette même convention cesseraient d'être exercées. En transmettant cette pièce à lord Aberdeen, M. Hamilton terminait sa dépêche par ces mots significatifs : « Il peut être mis en question si, faute d'avoir été exécutées, les conventions relatives à la répression de la traite entre la Grande-Bretagne et le Brésil ne devraient pas être regardées comme demeurant en vigueur. » Telle fut aussi tout d'abord la pensée du cabinet anglais, et sir Robert Peel déclara nettement le 16 mai suivant, en répondant aux interpellations de lord Palmerston, que « en effet le Brésil avait dénoncé l'expiration de la convention passée pour l'exercice du droit de recherche réciproque, mais que, quelle que fût l'opinion qu'on pût avoir de la légalité de cet acte, la traite n'en demeurait pas moins prohibée de la part du Brésil, et partant susceptible d'être sévèrement réprimée. » Il ajouta ces paroles menaçantes : « En vertu de la convention du 23 novembre 1826, convention qui n'a été ni abolie ni abrogée, tout sujet brésilien exerçant la traite est réputé pirate, et doit être traité comme tel. Cette convention demeure en vigueur : c'est une obligation permanente consentie par le Brésil, et celle-là ne saurait être capricieusement anéantie. »

Par une dépêche du 4 juin, lord Aberdeen chargea M. Hamilton de déclarer au gouvernement brésilien qu'il admettait l'expiration de la convention de 1817, mais il contestait que le terme des quinze années fixé par la convention de 1826 fût expiré. Après la dénonciation du 12 mars précédent, il ne restait plus, disait-il, à la Grande-Bretagne, qu'à donner plein effet aux stipulations de la convention de 1826, qui lui assure le droit de faire capturer par ses croiseurs les bâtiments brésiliens trouvés en haute mer exerçant la traite et de disposer des navires capturés comme *bona piratorum*. « Le gouvernement de sa majesté britannique, continuait lord Aberdeen, avait espéré que le gouvernement brésilien aurait, par le renouvellement et le développement des engagements passés entre les deux pays, offert à la Grande-Bretagne les moyens de rendre plus efficace la convention de 1826. Malheureusement, il n'en a pas été ainsi ; le succès et la vigueur avec lesquels la traite est à présent exercée sous le pavillon brésilien ne laissent au gouvernement britannique d'autre alternative que de recourir aux droits et aux obligations qui lient sa majesté britannique en vertu de l'art. 1er de ladite convention. » En conséquence, M. Hamilton avait ordre de déclarer que son gouvernement était résolu à user de son droit, et qu'il allait soumettre au vote du parlement les mesures législatives nécessaires pour le mettre en état de faire exécuter les dispositions de l'article indiqué.

Lord Aberdeen s'exprimait d'une manière encore plus explicite dans sa dépêche du 2 juillet. « Il est malheureusement notoire que des bâtiments destinés à la traite sont chaque jour équipés dans les ports du Brésil, que les trois quarts des négriers que l'on rencontre sur les côtes d'Afrique portent le pavillon brésilien, ou se livrent à ce trafic pour le compte de sujets brésiliens ; que, sur la côte méridionale du Brésil, il n'y a pas une crique abordable qui ne soit fréquentée par les négriers et ne leur serve de refuge ; que l'introduction des esclaves au Brésil, loin d'être empêchée, comme l'exigent les lois et les traités, est au contraire favorisée par les autorités locales. Au sein même des assemblées législatives, on avoue hautement qu'à l'égard de la traite il n'est pas nécessaire, ou même convenable, de garder la foi des traités conclus avec la

Section IV.

Grande-Bretagne. Ainsi donc, lorsque le gouvernement brésilien a fait connaître sa détermination d'abandonner les mesures jusque-là adoptées de concert avec la Grande-Bretagne pour exécuter la convention de 1826, le gouvernement de sa majesté britannique s'est vu placé dans l'alternative, ou de laisser la traite prospérer et s'accroître en dépit des obligations que lui a imposées et des droits que lui a conférés cette convention, ou de recourir aux moyens qui lui sont offerts pour atteindre le but en vue duquel cette convention a été faite. Le gouvernement de sa majesté britannique a cru de son devoir de choisir ce dernier parti, et en conséquence il va soumettre au parlement un bill donnant aux tribunaux de l'amirauté de la Grande-Bretagne le pouvoir de connaître des cas de traite contraires à la convention de 1826. Toutefois le gouvernement de sa majesté britannique ne désire pas que ce mode de répression soit permanent. Il sera prêt à demander le rappel de ce bill aussitôt que les actes du gouvernement brésilien le rendront possible… Vous savez que la mesure par laquelle, dans l'opinion du gouvernement de sa majesté britannique, le Brésil témoignerait de ses dispositions à remplir les intentions qu'il a si solennellement déclarées serait la négociation d'un traité semblable, soit à celui qui a été conclu en 1835 entre l'Espagne et la Grande-Bretagne, soit à celui que le Portugal a conclu en 1842 avec cette dernière puissance. »

Peu de jours après, lord Aberdeen présentait au parlement un bill portant que désormais les bâtiments brésiliens engagés dans la traite pourraient être capturés par les croiseurs anglais comme coupables de piraterie, en vertu de l'article 1er de la convention de 1826, et comme tels soumis à la juridiction des cours d'amirauté de la Grande-Bretagne, qui les jugeraient d'après les lois anglaises. Un article de ce bill autorise la délivrance de lettres de marque à quiconque voudrait faire l'office de croiseur. Ce bill passa sans opposition dans les deux chambres. Une pareille mesure n'était pas sans précédent. En 1839, un bill semblable avait été voté contre les négriers du Portugal et avait été suivi du plus heureux succès, car il avait forcé la cour de Lisbonne à consentir au traité conclu le 3 juillet 1842, qui est de tout point conforme aux conventions de 1831 et de 1833 passées entre la France et l'Angleterre, seulement avec cette différence très importante qu'au lieu d'être temporaire comme l'étaient ces conventions, il est définitif, et qu'en outre il admet l'assimilation de la traite à la piraterie.

Si le cabinet anglais avait cru que le Brésil céderait comme avait fait le Portugal, il s'était étrangement trompé : à peine le bill avait-il été déposé, que l'envoyé brésilien protesta par une note fort énergique adressée à lord Aberdeen le 25 juillet. Le gouvernement brésilien approuva cet acte, et l'empereur ordonna immédiatement à son ministre des affaires étrangères, non-seulement de ratifier en son nom cette protestation, mais aussi « de présenter un exposé détaillé des faits et du droit qu'a le gouvernement impérial de se prononcer avec toute l'énergie que peuvent donner la conscience et la justice contre un acte qui usurpe si directement les droits de souveraineté et d'indépendance du Brésil, aussi bien que ceux de toutes les nations » C'est ce que fit le 22 octobre 1845 M. Antonio Paulino Limpo de Abreu dans une protestation remarquable dont nous citerons la conclusion. « De ce qui vient d'être exposé, disait M. de Abreu, il résulte, avec toute évidence, que la loi du 8 août, rendue sous prétexte de mettre en vigueur les dispositions de l'article 1er de la convention de 1826, ne peut se fonder ni sur le texte ni sur l'esprit de cet article, qu'elle blesse les principes les plus clairs et les plus positifs du droit des gens, et enfin qu'elle porte une grave atteinte à la dignité et à l'indépendance du Brésil, aussi bien qu'à celles de toutes les autres nations. Pour ces motifs, le soussigné, ministre et secrétaire d'état des affaires étrangères, au nom et par l'ordre de sa majesté l'empereur, son auguste souverain, proteste contre l'acte ci-dessus mentionné, comme évidemment injuste, abusif, attentatoire aux droits de dignité et d'indépendance de la nation brésilienne, et, ne reconnaissant aucune de ses conséquences que comme des résultats de la force et de la violence, il fait ses réserves dès à présent pour toutes les pertes et dommages que viendrait à en souffrir le commerce licite des sujets brésiliens, auxquels les lois promettent et sa majesté l'empereur doit une constante et efficace protection. »

Section V.

Tel est le point auquel ont abouti en quelque sorte fatalement l'Angleterre et le Brésil. Cette situation est-elle sans issue ? Cela ne saurait être, mais il est évident qu'il est très difficile d'en sortir, autant pour l'Angleterre que pour le Brésil, d'une manière honorable et sans abandonner la position prise de part et d'autre. Le gouvernement anglais fait en ce moment un premier pas qui, bien qu'indirect, est de nature à peser d'un grand poids dans les déterminations que pourra prendre à l'avenir le cabinet de Rio-Janeiro. L'admission des sucres du Brésil sur le marché de la Grande-Bretagne à un taux très modéré, et qui, dans quelques années, sera égal au droit imposé sur les sucres des possessions et des colonies anglaises, ce qui donnerait une satisfaction complète aux prétentions les plus exagérées du gouvernement brésilien ; en d'autres termes, le bill de lord John Russell est de nature à rouvrir dans un court délai les voies de la conciliation. Que ce bill reçoive la sanction du parlement, on n'en saurait douter aujourd'hui. L'opinion publique s'est trop fortement prononcée en sa faveur pour laisser place aux plus légères inquiétudes à cet égard. Les protectionistes combattent avec vigueur, comme on devait s'y attendre, pour la défense de ce dernier retranchement du monopole. Réduit aux seules forces de son propre parti et de la petite phalange des amis de M. Cobden, lord John Russell, dans l'état de décomposition de la chambre des communes, se serait trouvé à coup sûr en minorité. L'issue de la lutte devait dépendre de la position que prendrait sir Robert Peel dans la discussion qui vient de s'ouvrir. Bien qu'il eût présenté lui-même les deux lois qui établissaient une distinction prohibitive à l'endroit des sucres de Cuba et du Brésil, il était avéré qu'en cela il n'avait agi qu'à son corps défendant et subi les exigences de M. Goulburn et de M. Gladstone, dont le concours lui était nécessaire ; depuis le commencement de la session, il disait ouvertement que, s'il eût été libre, il aurait proposé l'égalité des sucres de toute provenance en même temps que la libre importation des céréales étrangères. Aussi n'a-t-on pas été surpris de l'entendre déclarer il y a quelques jours, dans la chambre des communes, que, tout en croyant bonne et nécessaire, au moins pour quelque temps, la distinction entre les produits du travail libre et du travail esclave, il donnerait son appui au bill de lord Russell. Cette déclaration fait pencher la balance du côté des whigs, qui, jusqu'à l'année prochaine, sont délivrés de tout embarras sérieux.

L'admission des sucres du Brésil sera le prélude de la reprise des négociations pour un traité de commerce. L'intérêt de l'industrie manufacturière de la Grande-Bretagne réclame impérieusement cette mesure, et on serait en droit de taxer d'inconséquence les ministres whigs, s'ils ne s'occupaient pas promptement d'une question qu'ils ont tant de fois portée devant le parlement. La présence dans le bureau du commerce de M. Milner Gibson est un sûr garant des intentions du cabinet à cet égard. Il reste maintenant à examiner si la satisfaction donnée sur ce point au Brésil terminerait le conflit relatif à la répression de la traite, et serait suivie du rappel de la loi du 8 août dernier. Cela n'est nullement probable, et il ne faut pas oublier que la conduite de lord Aberdeen à l'égard du Brésil n'a pas eu d'apologiste plus déclaré que lord Palmerston. On ne peut guère supposer que le cabinet de Rio-Janeiro soit désormais plus docile que par le passé aux exigences de l'Angleterre, car, dans cette question de dignité nationale, il est assuré du concours et de l'approbation du pays. La réponse de la chambre des députés au discours prononcé par l'empereur à l'ouverture de la session ne laisse aucun doute à cet égard. « La chambre, disait cette adresse, considère la loi du parlement britannique qui soumettrait aux tribunaux d'une nation étrangère les navires brésiliens soupçonnés de se livrer à la traite des noirs, comme contraire aux principes de l'indépendance et de la souveraineté nationales. C'est pourquoi la chambre approuve la protestation de votre gouvernement contre cette loi. Appréciant la bonne foi que votre gouvernement a mise à remplir ses obligations envers la Grande-Bretagne, elle vous promet son concours loyal et unanime pour maintenir les prérogatives de la couronne et les droits de la nation. »

Si l'on considère la question de la traite en faisant abstraction des motifs d'humanité qui exigent impérieusement la suppression de ce cruel trafic, il est évident que le Brésil ne saurait se l'interdire sans porter le plus grave détriment à sa prospérité et à sa situation économique. Au Brésil, le climat ne permet pas à la race blanche de se livrer impunément à la culture ; et le permettrait-il, cette race abâtardie, énervée par l'influence de la température, serait incapable de prendre la place des noirs et de se livrer au défrichement d'un sol vierge on à l'exploitation non moins pénible des mines. Or, il a été

Section V.

constaté que la population esclave diminue fatalement, rapidement, et s'éteindrait bientôt, si elle n'était incessamment renouvelée ; les morts y dépassent de 5 pour 100 le nombre des naissances. Voilà de bonnes raisons pour que les Brésiliens ne renoncent pas volontairement à la traite. Les préjugés, les mœurs, qui pourraient combattre au nom de l'humanité les exigences de l'intérêt, loin d'être hostiles à ce trafic, y sont éminemment favorables, et ce concours des plus puissants mobiles semble présenter un obstacle insurmontable à la réalisation des vues philanthropiques et non moins intéressées de l'Angleterre.

Que fera donc l'Angleterre ? Il serait absurde de supposer un instant qu'elle reculera. Ce gouvernement, qui n'a jamais cédé devant les forts, céderait-il devant une puissance du troisième ordre, qui n'a à opposer à ses formidables ressources qu'une inertie dont il se flatte d'avoir aisément bon marché ? D'ailleurs, il n'est pas libre sur cette question. Il persistera donc sans fléchir dans la voie où il est entré, et ira jusqu'au bout, quelles que soient les difficultés qu'il doive y rencontrer. « Lorsque le parlement, disait lord Brougham, le 11 avril 1843, dans la chambre des lords, a aboli la traite, et plus tard, lorsqu'il a affranchi les esclaves, il a agi contre les intérêts coloniaux de la Grande-Bretagne. La traite des noirs était un trafic hasardeux, mais si lucratif, qu'on peut dire que jamais spéculation il a été plus recherchée par les négociants anglais. L'abolition de la traite fut fondée sur des raisons de justice, d'humanité et de saine politique, et cependant il n'est pas douteux qu'elle n'ait été ordonnée au grand détriment d'une classe nombreuse de commerçants anglais. De même, lorsque l'esclavage a été aboli, en 1833, la somme considérable qui a été donnée pour indemnité aux anciens propriétaires d'esclaves n'a pas empêché ceux-ci de subir une perte irréparable. La question qui se présente maintenant est celle-ci : lorsque le gouvernement anglais a proclamé l'abolition de la traite, a-t-il prétendu faire passer les avantages de ce trafic dans les mains du Portugal et du Brésil ? Est-ce pour un pareil résultat que l'Angleterre a payé une indemnité considérable lors de l'émancipation des esclaves ? Avons-nous souffert des pertes au profit des planteurs du Brésil et de Cuba, et tout exprès pour créer à nos colonies une concurrence sur les marchés du monde ? » En parlant ainsi, lord Brougham ne faisait qu'exprimer les sentiments qui animent tous les Anglais, et qui doivent servir de règle de conduite à tous les cabinets.

Il faut donc admettre comme évidente la supposition que ni le Brésil ni l'Angleterre ne reculeront. La loi du 8 août sera exécutée, mais atteindra-t-elle le but dans lequel elle a été conçue ? Il est permis d'en douter. Les dispositions de cette loi ne reproduisent après tout que les stipulations des conventions de 1817 et de 1826. Sera-t-elle plus efficace ? rien ne le prouve. Ces conventions ont été fidèlement, rigoureusement exécutées, au moins de la part de l'Angleterre, et, comme on l'a vu, elles n'ont nullement empêché l'importation dans le Brésil des noirs nécessaires à la culture et aux mines. « Nous convenons, disait l'année dernière sir Robert Peel, nous convenons que les mesures employées jusqu'à présent ont été impuissantes. L'impossibilité d'empêcher l'introduction d'esclaves au Brésil est reconnue. Quelles que soient les forces que l'on déploie sur les côtes de ce pays, on pourra toujours y verser des cargaisons d'esclaves ; on pourra les y jeter par milliers. La connivence des autorités locales, la puissance d'un sordide intérêt, ne laissent pas d'espoir de ce côté. » Or, l'Angleterre a-t-elle découvert de nouvelles mesures de répression plus sûres que celles dont elle s'est servie jusqu'à ce jour ? Nullement, et une expérience de trente années aurait dû la convaincre de l'impuissance des croisières à empêcher la traite.

Il y a un autre obstacle à l'exécution de la loi du 8 août, qui n'est pas moins considérable et auquel ne s'attendait assurément pas le gouvernement anglais : c'est la résistance des juges même du tribunal de l'amirauté chargé de prononcer sur le sort des bâtiments brésiliens capturés par les croiseurs de l'Angleterre. Ce fait singulier ressort d'un arrêt rendu, en décembre 1845, dans la cause de deux navires brésiliens qui avaient été capturés sur la côte d'Afrique par un croiseur anglais, l'un en flagrant délit de traite, l'autre comme suspect d'être employé au même trafic. Un croiseur de la côte d'Afrique, le *Wasp*, avait opéré la saisie de la goélette brésilienne la *Felicitade*, frétée au Brésil pour l'Afrique, afin d'y prendre un chargement d'esclaves, et ayant en réalité l'équipement nécessaire pour faire la traite. La capture avait été faite par deux embarcations du *Wasp*. L'équipage brésilien avait été transporté à bord du croiseur, et seize matelots anglais, commandés par un

Section V.

lieutenant et un *midshipman*, avaient été placés sur la prise, avec mission de donner la chasse à un autre navire qui était en vue. Ce navire était l'*Écho*, chargé de quatre cent trente-quatre esclaves. Il ne tarda pas à être atteint et fut obligé de se rendre. On envoya à bord de la *Felicitade* le capitaine et douze hommes de l'équipage de l'*Echo*. Le lieutenant anglais passa de la *Felicitade* sur l'*Écho* avec sept hommes ; le *midshipman* resta sur la *Felicitade* avec les neuf autres matelots anglais. Une heure s'était à peine écoulée depuis cet arrangement, lorsque le capitaine et les douze marins de l'*Echo* se jetèrent sur l'équipage anglais et le massacrèrent ainsi que le *midshipman*. La *Felicitade*, dont ils venaient ainsi de se rendre maîtres, ne resta pas longtemps entre leurs mains ; elle fut reprise par le *Wasp*, et conduite, ainsi que les meurtriers, à Londres.

L'acte d'accusation portait que la *Felicitade*, au moment du meurtre des marins anglais, se trouvait légalement sous la garde des officiers de sa majesté britannique, et que tous les hommes qui se trouvaient à bord étaient placés, par conséquent, sous la juridiction de l'amirauté anglaise. La défense soutint que la *Felicitade* avait été capturée illégalement et qu'elle était demeurée la propriété des Brésiliens, quoiqu'elle eût été placée par la force entre les mains d'officiers de la marine anglaise ; que l'*Echo* avait été aussi capturé illégalement, car les hommes qui étaient montés en premier lieu sur ce navire au moment où il avait été atteint par la *Felicitade* étaient conduits par un *midshipman*, et que les équipages de ces deux navires, étant ainsi détenus illégalement, avaient été en droit de faire tout ce qui était nécessaire pour recouvrer leur liberté et leur propriété, conformément à la loi universellement reconnue par toutes les nations civilisées. Les juges déclarèrent la prévention de piraterie dirigée contre l'un et l'autre navire mal fondée pour deux raisons : la première, parce que le fait de traite de la part des Brésiliens ne constitue pas un cas de piraterie, tant que l'assimilation n'aura pas été reconnue par les lois du Brésil ; la seconde, parce que la *Felicitade*, ayant été arrêtée et saisie injustement, alors qu'il n'y avait point d'esclaves à bord, et ne pouvant pas un seul instant être considérée comme appartenant à la Grande-Bretagne, n'avait aucun titre à capturer l'*Echo*. En conséquence, les accusés furent mis en liberté.

Des obstacles de ce genre pourront sans doute être surmontés, mais ne peut-il pas s'en présenter d'autres aussi embarrassants ? Voilà donc l'Angleterre rencontrant pour la première fois une résistance sérieuse à ses vues politiques et philanthropiques. Les difficultés que l'exercice du droit de recherche pour la répression de la traite avait soulevées, lorsqu'il s'était agi des puissances du premier ordre, la France et les États-Unis, par exemple, ont été adroitement tournées. A l'égard du Brésil, on ne s'est pas cru obligé à de pareils ménagements. Si la nation brésilienne, outragée dans ce qu'un peuple a de plus cher, demeure inflexible, ne serait-on pas en droit de conclure de tout cela que la question du droit de visite, même pour la France et les États-Unis, n'a pas trouvé une solution aussi complète qu'on avait pu s'en flatter ? Du conflit entre le Brésil et la Grande-Bretagne peuvent surgir des complications inattendues, car la cause du Brésil intéresse toutes les puissances maritimes, elle touche aux points les plus délicats du droit des gens. La force et l'arbitraire ne sauraient trancher le nœud, et qui pourrait dire que ce différend, naguère imperceptible, ne prendra pas de tout autres proportions, et ne renferme pas le germe des plus dangereux embarras, non-seulement pour le cabinet de lord John Russell, mais aussi pour la paix du monde ? L'avenir seul nous l'apprendra.

Section V.

ISBN : 978-1985232983

www.ingramcontent.com/pod-product-compliance
Lightning Source LLC
Chambersburg PA
CBHW070420230526
45471CB00006B/2906